国家社会科学基金（教育学）重大项目（VDA200004）阶段性研究成果

北京外国语大学"双一流"建设标志性项目（BW202018）阶段性研究成果

"一带一路"国家文化教育大系　　　　　总主编　王定华

乌干达
文化教育研究

Uganda
Culture and Education

王卓　李静　著

外语教学与研究出版社

FOREIGN LANGUAGE TEACHING AND RESEARCH PRESS

北京 BEIJING

图书在版编目（CIP）数据

乌干达文化教育研究 ／ 王卓，李静著. －－ 北京 ：外语教学与研究出版社，2023.8

（"一带一路"国家文化教育大系 ／ 王定华总主编）

ISBN 978-7-5213-4751-7

I. ①乌… II. ①王… ②李… III. ①教育研究－乌干达 IV. ①G542.7

中国国家版本馆 CIP 数据核字 (2023) 第 150368 号

出 版 人　王　芳
项目负责　孙凤兰　巢小倩
责任编辑　张小玉
责任校对　白小羽
封面设计　李　高　锋尚设计
版式设计　李　高
出版发行　外语教学与研究出版社
社　　址　北京市西三环北路 19 号（100089）
网　　址　https://www.fltrp.com
印　　刷　北京盛通印刷股份有限公司
开　　本　787×1092　1/16
印　　张　16　　彩插 1 印张
版　　次　2023 年 8 月第 1 版 2023 年 8 月第 1 次印刷
书　　号　ISBN 978-7-5213-4751-7
定　　价　138.00 元

如有图书采购需求，图书内容或印刷装订等问题，侵权、盗版书籍等线索，请拨打以下电话或关注官方服务号：
客服电话：400 898 7008
官方服务号：微信搜索并关注公众号"外研社官方服务号"
外研社购书网址：https://fltrp.tmall.com

物料号：347510001

乌干达维多利亚湖区景观

乌干达旅游文化展览

乌干达当地餐馆

乌干达开元宾馆

乌干达一所幼儿园

乌干达幼儿园户外设施

乌干达奇布布拉女子中学

乌干达在校中学生

乌干达洛克高中

乌干达鲁文佐中学校园

乌干达一学校篮球场

乌干达一学校阅览室

麦克雷雷大学自然科学学院

麦克雷雷大学语言中心教学楼

麦克雷雷大学金融系教学楼

麦克雷雷大学中心教学楼

东非图书馆与信息科学学院

鲁扬子理工学院孔子课堂教师合影

麦克雷雷大学孔子学院

麦克雷雷大学孔子学院中学教学点的学员

出版说明

2013 年 9 月 7 日，国家主席习近平提出共建"丝绸之路经济带"重大倡议。2013 年 10 月 3 日，习近平主席提出共建"21 世纪海上丝绸之路"重大倡议。两者合称"一带一路"倡议。以 2013 年金秋为起点，"一带一路"倡议作为构建人类命运共同体的伟大设想，在开拓和平、繁荣、开放、绿色、创新、文明之路的非凡征程中，孕育生机和活力，汇聚信心和期待，在世界范围内广受欢迎和响应。

文化交流、文明互鉴是构建人类命运共同体的人文基础。文化发展，教育先行。作为"共和国外交官的摇篮"、文化教育的主动践行者、"一带一路"倡议的踊跃响应者和构建人类命运共同体的积极参与者，北京外国语大学在党委书记王定华教授的带领下，放眼世界，找准坐标，勇于担当，主动作为，深耕文化教育相关领域，研究、策划并组织编写了"一带一路"国家文化教育大系（以下简称大系）。国内相关高校和研究机构的众多专家学者献计献策，踊跃参加，形成了一个范围广泛、交流互动、共同进步的"一带一路"国家文化教育学术研究共同体。大系旨在填补国内相关研究领域的学术空白，实现"一带一路"国家教育研究全覆盖，为中国教育"走出去"和相关国家先进教育理念"请进来"提供科学理论和实践指导，具有重要的学术价值。同时，大系服务国家重大战略，通过分期分批出版，形成规模和品牌，向中国共产党建党一百周年和"一带一路"倡议提出十周年献礼，具有深远的意义。

　　作为国家社会科学基金（教育学）重大项目"新时代提升中国参与全球教育治理的能力及策略研究"、北京外国语大学"双一流"建设标志性项目"'一带一路'国家文化教育研究"的课题研究成果和北京外国语大学党委的"奋进之举"，大系秉承学术性与可读性兼顾的原则，对"一带一路"国家文化教育理论与实践问题展开深入研究，从国情概览、文化传统、教育历史、学前教育、基础教育、高等教育、职业教育、成人教育、教师教育、教育政策、教育行政、教育交流等方面，全景擘画"一带一路"国家的教育风貌，帮助读者了解"一带一路"国家教育的历史与现状、经验与特点，为我国教育的发展和对外交流合作提供有益的借鉴、思考与启迪。

　　肆虐全球的新冠肺炎疫情严重影响了各国人民的生产生活，带来了二战以来人类面临的最严重的全球性危机，同时也再次阐述了人类命运共同体深刻内涵的世界性意义。在疫情防控常态化背景下，大系所有专家学者不畏困难，齐心协力，直面挑战，守望相助，化危为机，切实履行了响应和支持"一带一路"倡议的承诺。在此，特别感谢大系总策划、总主编王定华教授，以及所有顾问、编委和作者的心血倾注、智慧贡献和努力付出。

　　外语教学与研究出版社对大系的编写和出版工作给予了高度重视。自2019 年项目启动以来，外研社抽调精锐力量成立大系工作组，多次组织相关部门和人员召开选题论证会，商建编委会，召开全体作者大会，制订周密、科学的出版计划，以保证项目的顺利开展和图书的优质出版。目前，大系的出版工作已取得阶段性成果，预计在2023 年"一带一路"倡议提出十周年前后，将分期分批推出数量和规模可观的、具有相当科研价值和学术价值的系列专著。期望大系的编写和出版能为"一带一路"建设、中外教育交流及我国文化教育发展发挥基础性、服务性、广远性的作用。

外语教学与研究出版社
2021 年 4 月

总　序

王定华

　　改革开放以来，中国各项事业取得了巨大成就。中国经济和世界经济高度关联，中国一以贯之地坚持对外开放的基本国策，构建全方位开放新格局，深度融入世界经济体系。2013 年 9 月和 10 月，习近平主席在出访中亚和东南亚国家期间，先后提出共建"丝绸之路经济带"和"21 世纪海上丝绸之路"的重大倡议（以下简称"一带一路"倡议），得到国际社会的高度关注。其中，"丝绸之路经济带"东边牵着亚太经济圈，西边系着发达的欧洲经济圈，是世界上最长、最具发展潜力的经济大走廊；"21 世纪海上丝绸之路"串起连通东盟、南亚、西亚、北非、欧洲等各大经济板块的市场链，发展面向南海、太平洋和印度洋的战略合作经济带，以亚欧非经济贸易一体化为发展的长期目标。

一、精准把握"一带一路"倡议的时代意蕴

　　"经济带"概念是对地区经济合作模式的创新。其中经济走廊涵盖中蒙

俄经济走廊、新亚欧大陆桥、中国-中亚-西亚经济走廊、孟中印缅经济走廊、中国-中南半岛经济走廊等，以经济增长极辐射周边，超越了传统发展经济学理论。"丝绸之路经济带"概念不同于历史上所出现的各类"经济区"与"经济联盟"，同后两者相比，经济带具有灵活性高、适用性广以及可操作性强的特点，各国都是平等的参与者，本着自愿参与、协同推进的原则，发扬古丝绸之路兼容并包的精神。

"一带一路"倡议是我国在新时代推进全方位对外开放的重要举措，为当今世界提供了一个充满东方智慧、实现共同发展的中国方案，也是对历史文化传统的高度尊重，凝聚了世界各国利益的最大公约数。丝绸之路是起始于古代中国，连接亚洲、非洲和欧洲的古代陆上商业贸易路线，最初的作用是运输古代中国出产的丝绸、瓷器等商品，后来成为东方与西方之间在经济、政治、文化等方面进行交流的主要通道。1877 年，德国地质、地理学家李希霍芬（F. P. W. Richthofen）在其著作《中国》一书中，把公元前 114 年至公元 127 年，中国与中亚、中国与印度间以丝绸贸易为媒介的这条西域交通道路命名为"丝绸之路"，这一名词很快为学术界和大众所接受，并正式运用。其后，德国历史学家赫尔曼（A. Herrmann）在 20 世纪初出版的《中国与叙利亚之间的古代丝绸之路》一书中，根据新发现的文物考古资料，进一步把丝绸之路延伸到地中海西岸和小亚细亚，并确定了丝绸之路的基本内涵，即它是中国古代与中亚、南亚、西亚以及欧洲、北非的陆上贸易交往通道。进入 21 世纪，海上丝绸之路也被纳入丝绸之路的涵盖范围，即从中国沿海港口过南海到印度洋并延伸至欧洲，从中国沿海港口过南海到南太平洋。随着时代的发展，"丝绸之路"成为古代中国与西方所有政治经济文化往来通道的统称。

推进"一带一路"建设既是中国扩大和深化对外开放的需要，也是加强和世界各国互利合作的需要，中国愿意承担更多责任和义务，为人类和平发展做出更大的贡献。文明交流互鉴是构建人类命运共同体的重要途径，是推动人类文明共同进步、实现世界和平发展的重要动力。共建"一带一路"要顺应世界多极化、经济全球化、文化多样化、社会信息化的潮流，秉持开放的区域合作精神，致力于推动"一带一路"各国实现经济政策协调，开展更大范围、更高水平、更深层次的区域合作，共同打造开放、包容、均衡、普惠的区域经济合作架构，维护全球自由贸易体系和开放型世界经济格局。

"一带一路"贯穿亚欧非大陆，一头是活跃的东亚经济圈，一头是发达的欧洲经济圈，中间广大腹地国家经济发展潜力巨大。根据"一带一路"走向，陆上依托国际大通道，以中心城市为支撑，以重点经贸产业园区为合作平台，共同打造新亚欧大陆桥以及中蒙俄、中国-中亚-西亚、中国-中南半岛等国际经济合作走廊；海上以重点港口为基点，共同建设通畅安全高效的运输大通道。

"一带一路"建设是有关国家开放合作的宏大经济愿景，需要各国携手努力，朝着互利互惠、共同安全的目标相向而行：努力实现区域基础设施更加完善，安全高效的陆海空通道网络基本形成，互联互通达到新水平；投资贸易便利化水平进一步提升，高标准自由贸易区网络基本形成，经济联系更加紧密，政治互信更加深入；人文交流更加广泛深入，不同文明互鉴共荣，各国人民相知相交、和平友好。

"一带一路"倡议是具有开放性和包容性的友好建议。当今世界是一个开放的世界，开放带来进步，封闭导致落后。中国认为，只有开放才能发现机遇、抓住并用好机遇、主动创造机遇，才能实现国家的奋斗目标。"一带一路"倡议就是要把世界的机遇转变为中国的机遇，把中国的机遇转变为世界的机遇。正是基于这种认知与愿景，"一带一路"倡议以开放为导向，冀望通过加强交通、能源和网络等基础设施的互联互通建设，促进经济要素有序自由流动、资源高效配置和市场深度融合，开展更大范围、更高水平、更深层次的区域合作，打造开放、包容、均衡、普惠的区域经济合作架构，以此来解决经济增长和平衡问题。"一带一路"倡议的开放包容性是区别于其他区域性经济倡议的一个突出特点。

"一带一路"倡议是超越地缘政治的务实合作的广阔平台。"和平合作、开放包容、互学互鉴、互利共赢"的丝路精神是人类共有的历史财富，"一带一路"倡议就是秉承这一精神与原则提出的新时代重要倡议，通过加强相关国家间的全方位多层面交流合作，充分发掘与发挥各国的发展潜力与比较优势，形成互利共赢的区域利益共同体、命运共同体和责任共同体。在这一机制中，各国是平等的参与者、贡献者、受益者。因此，"一带一路"倡议从一开始就具有平等性、和平性特征。平等是中国坚持的重要国际准则，也是"一带一路"建设的关键基础。只有建立在平等基础上的合作才能是持久的合作，也才会是互利的合作。"一带一路"倡议平等包容的合作特征为其推进减轻了阻力，提升了共建效率，有助于国际合作真正"落地生根"。同时，"一带一路"建设离不开和平安宁的国际环境和地区环境，和平是"一带一路"建设的本质属性，也是保障其顺利推进所不可或缺的重要因素。这些就决定了"一带一路"倡议不应该也不可能沦为大国政治较量的工具，更不会重复地缘博弈的老路。

"一带一路"倡议是政府、企业、团体共同发力的项目载体。"一带一路"建设是在双边或多边联动基础上通过具体项目加以推进的，是在进行充分政策沟通、战略对接以及市场运作后形成的发展倡议与规划。2017年5月发布的《"一带一路"国际合作高峰论坛圆桌峰会联合公报》强调了建设"一带一路"的合作原则，其中就包括市场运作原则，即充分认识市场作用和企业主体地位，确保政府发挥适当作用，政府采购程序应开放、透明、非歧视。可见，"一带一路"建设的核心主体与支撑力量并不是政府，而是企业，根本方法是遵循市场规律，并通过市场化运作模式来实现参与各方的利益诉求，政府在其中发挥构建平台、创立机制、政策引导等指向性、服务性功能。

"一带一路"倡议是与现有相关机制对接互补的有益渠道。参与"一带一路"建设的国家要素禀赋各异，比较优势差异明显，互补性很强。有的国家能源资源富集但开发力度不够，有的国家劳动力充裕但就业岗位不足，有的国家市场空间广阔但产业基础薄弱，有的国家基础设施建设需求旺盛但资金紧缺。我国目前经济总量居全球第二，外汇储备居全球第一，优势产业越来越多，基础设施建设经验丰富，装备制造能力强、质量好、性价比高，具备资金、技术、人才、管理等综合优势。这就为我国与其他"一带一路"建设参与方实现产业对接与优势互补提供了现实可能与重大机遇。因而，"一带一路"倡议的核心内容就是要加强基础设施建设和促进互联互通，对接各国政策和发展战略，以便深化务实合作，促进协调联动发展，实现共同繁荣。由此可见，"一带一路"倡议不是对现有地区合作机制的替代，而是与现有机制互为助力、相互补充。实际上，"一带一路"建设已经与俄罗斯主导的欧亚经济联盟、印尼全球海洋支点发展规划、哈萨克斯坦光明之路经济发展战略、蒙古国草原之路倡议、欧盟欧洲投资计划、埃及苏伊士运河走廊开发计划等实现了对接与合作，并形成了一批标志性项目，如中哈（连云港）物流合作基地。作为新亚欧大陆桥经济走廊建设成果之一，中哈（连云港）物流合作基地初步实现了深水大港、远洋干线、中欧班列、物流场站的无缝对接。该项目与哈萨克斯坦光明之路经济发展战略高度契合。

"一带一路"倡议是促进人文交流的沟通桥梁。"一带一路"倡议跨越不同区域、不同文化、不同宗教信仰，但它带来的不是文明冲突，而是各文明间的交流互鉴。"一带一路"倡议在推进基础设施建设、加强产能合作与发展战略对接的同时，也将"民心相通"作为工作重心之一。民心相通是"一带一路"建设的社会根基。民心相通就是要传承和弘扬丝绸之路友好合作精神，广泛进行文化交流、学术交流、人才交流往来、媒体合作、青年和妇女交往、志愿者服务等，为深化双边和多边合作奠定坚实的民意基础。一是扩大相互间留学生规模，开展合作办学；国家间互办文化年、艺术节、电影节、电视周和图书展等活动,深化国家间人才交流合作。二是加强旅游合作,扩大旅游规模,联合打造具有丝绸之路特色的国际精品旅游线路和旅游产品。三是强化与周边国家在传染病疫情信息沟通、防治技术交流、专业人才培养等方面的合作,提高合作处理突发公共卫生事件的能力。四是加强科技合作,共建联合实验室(研究中心)、国际技术转移中心、海上合作中心,促进科技人员交流,合作开展重大科技攻关,共同提升科技创新能力。五是整合现有资源,开拓和推进参与国家在青年就业、创业培训、职业技能开发、社会保障管理服务、公共行政管理等共同关心领域的务实合作。六是充分发挥政党、议会交往的桥梁作用,加强国家之间立法机构、主要党派和政治组织的友好往来,互结友好城市。七是加强各国民间组织的交流合作,重点面向基层民众,广泛开展教育、医疗、减贫开发、生物多样性和生态环保等主题的各类公益慈善活动,改善贫困地区生产生活条件;加强文化传媒领域的国际交流合作,积极利用网络平台,运用新媒体工具,塑造和谐友好的文化生态和舆论环境;通过强化民心相通,弘扬丝绸之路精神,开展智力丝绸之路、健康丝绸之路等建设,在科学、教育、文化、卫生、民间交往等领域广泛合作,使"一带一路"建设的民意基础更为坚实,社会根基更加牢固。"一带一路"建设就是要以文明交流超越文明隔阂,以文明互鉴超越文明冲突,以文明共存超越文明优越,为相关国家人民加强交流、增进理解搭起新的桥梁,为不同文化和文明加强对话、交流互鉴织就新的纽带,推动各国相互理解、相互尊重、相互信任。

"一带一路"是促进共同发展、实现共同繁荣的友谊之路。共建"一带一路"旨在促进各国发展战略的对接和耦合,有利于发掘区域市场的潜力,推动经济要素有序自由流动、资源高效配置和市场深度融合,促进投资和消费,创造需求和就业,增进各国人民的人文交流与文明互鉴,从而让各国人民相逢相知、互信互敬,共享和谐、安宁、富裕的生活。共建"一带一路"符合国际社会的根本利益，彰显了人类社会的共同理想和美好追求，是国际合作及全球治理新模式的积极探索，将为世界和平发展增添新的正能量。中国政府倡议秉持和平合作、开放包容、互学互鉴、互利共赢的理念，全方位推进务实合作，打造政治互信、经济融合、文化包容的利益共同体、命运共同体和责任共同体。

"一带一路"倡议已经得到世界上众多国家和地区的积极响应，成为维护全球自由贸易体系和开放型世界经济的重要支撑。截至 2021 年 1 月 30 日，中国已经同 171 个国家和国际组织签署 205 份共建"一带一路"合作文件。[1] 特别是 2017 年 5 月第一届"一带一路"国际合作高峰论坛、2019 年 4 月第二届"一带一路"国际合作高峰论坛和 2019 年 5 月亚洲文明对话大会的成功举办，充分彰显了我国开放、包容的大国外交风范。在此背景下，我们一方面应致力于向世界介绍中国，推动中国文化"走出去"，讲好中国故事；另一方面也应加强对"一带一路"国家的历史、文化、语言、教育、艺术等方面的介绍和研究，让中国人民更多地了解"一带一路"国家的具体国情，特别是文化传统和教育体系。

"一带一路"倡议合作范围不断扩大，合作领域愈加广阔。它不仅给参与各方带来了实实在在的合作红利，也为世界贡献了应对挑战、创造机遇、强化信心的智慧与力量。

当今世界，新冠肺炎疫情带来诸多挑战，局部战争风险依然存在，经济增长动能不足，"逆全球化"思潮涌动，地区动荡持续，恐怖主义蔓延。和平赤字、发展赤字、治理赤字带来的严峻问题，已摆在全人类面前。这充分说明现有的全球治理体系面临结构性问题，亟须找到新的破解之策与应对方略。作为一个新兴大国，中国有能力、有意愿同时也有责任为完善全球治理体系贡献智慧与力量。面对新挑战、新问题、新情况，中国给出

---

[1] 中国一带一路网. 我国已签署共建"一带一路"合作文件 205 份 [EB/OL].（2021-01-30）[2021-02-23]. https://www.yidaiyilu.gov.cn/xwzx/gnxw/163241.htm.

的全球治理方案是：构建人类命运共同体，实现共赢共享。"一带一路"倡议正是朝着这个目标努力的具体实践。"一带一路"倡议强调各国的平等参与、包容普惠，主张携手应对世界经济面临的挑战，开创发展新机遇，谋求发展新动力，拓展发展新空间，共同朝着人类命运共同体方向迈进。正是本着这样的原则与理念，"一带一路"倡议针对各国发展的现实问题和治理体系的短板，创立了亚洲基础设施投资银行、丝路基金等新型国际机制，构建了多形式、多渠道的交流合作平台。这既能缓解当今全球治理机制代表性、有效性、及时性难以适应现实需求的困境，在一定程度上扭转公共产品供应不足的局面，提振国际社会参与全球治理的士气与信心，又能满足发展中国家尤其是新兴市场国家变革全球治理机制的现实要求，大大增强了新兴国家和发展中国家的话语权，是推进全球治理体系朝着更加公正合理方向发展的重大突破。

"一带一路"倡议涵盖了发展中国家与发达国家，实现了"南南合作"与"南北合作"的统一，有助于推动全球均衡可持续发展。"一带一路"建设以基础设施建设为着眼点，促进经济要素有序自由流动，推动中国与相关国家的宏观政策的对接与协调。对于参与"一带一路"建设的发展中国家来说，这是一次搭中国经济发展"快车""便车"，实现自身工业化、现代化的历史性机遇，有利于推动"南南合作"的广泛展开，同时也有助于增进"南北对话"，促进"南北合作"的深度发展。不仅如此，"一带一路"倡议的理念和方向同联合国《2030年可持续发展议程》也高度契合，完全能够加强对接，实现相互促进。联合国秘书长古特雷斯表示，"一带一路"倡议与《2030年可持续发展议程》都以可持续发展为目标，都试图提供机会、全球公共产品和双赢合作，都致力于深化国家和区域间的联系。

二、深入推动"一带一路"国家的教育交流

2020 年 6 月印发的《教育部等八部门关于加快和扩大新时代教育对外开放的意见》指出，教育对外开放是教育现代化的鲜明特征和重要推动力，要以习近平新时代中国特色社会主义思想为指导，坚持教育对外开放不动摇，主动加强同世界各国的互鉴、互容、互通，形成更全方位、更宽领域、更多层次、更加主动的教育对外开放局面。

教育为国家富强、民族繁荣、人民幸福之本，在共建"一带一路"中具有基础性和先导性作用。教育交流为各国民心相通架设桥梁，人才培养为各国政策沟通、设施联通、贸易畅通、资金融通提供支撑。各国间教育交流源远流长，教育合作前景广阔，大家携手发展教育，合力共建"一带一路"，是造福各国人民的伟大事业。推进"一带一路"国家教育共同繁荣，既是加强与各国教育互利合作的需要，也是推进中国教育改革发展的需要，中国愿意在力所能及的范围内承担更多责任和义务，为区域教育大发展做出更大的贡献。

（一）教育合作的原则

"一带一路"国家教育合作应遵循四个重要原则。

一是育人为本，人文先行。加强合作育人，提高区域人口素质，为共建"一带一路"提供人才支撑。坚持人文交流先行，建立区域人文交流机制，搭建民心相通桥梁。

二是政府引导，民间主体。政府加强沟通协调，整合多种资源，引导教育融合发展。发挥学校、企业及其他社会力量的主体作用，活跃教育合作局面，丰富教育交流内涵。

三是共商共建，开放合作。坚持共商、共建、共享，推进各国教育发

展规划相互衔接，实现各国教育融通发展、互动发展。

四是和谐包容，互利共赢。加强不同文明之间的对话，寻求教育发展最佳契合点和教育合作最大公约数，促进各国在教育领域互利互惠。

（二）教育合作的重点

"一带一路"各国教育特色鲜明、资源丰富、互补性强、合作空间巨大。中国将以基础性、支撑性、引领性三方面举措为建议框架，开展三方面重点合作，对接各国意愿，互鉴先进教育经验，共享优质教育资源，全面推动各国教育提速发展。

1. 开展教育互联互通合作

一是加强教育政策沟通。开展"一带一路"国家教育法律、政策协同研究，构建各国教育政策信息交流通报机制，为各国政府推进教育政策互通提供决策建议，为各国学校和社会力量开展教育合作交流提供政策咨询。积极签署双边、多边和次区域教育合作框架协议，制定各国教育合作交流国际公约，逐步疏通教育合作交流政策性瓶颈，实现学分互认、学位互授联授，协力推进教育共同体建设。

二是助力教育合作渠道畅通。推进"一带一路"国家间签证便利化，扩大教育领域合作交流，形成往来频繁、合作众多、交流活跃、关系密切的携手发展局面。鼓励有合作基础、相同研究课题和发展目标的学校缔结姊妹关系，逐步深化和拓展教育合作交流。举办校长论坛，推进学校间开展多层次、多领域的务实合作。支持高等学校依托优势学科和专业，建立"产学研用"相结合的国际合作联合实验室（研究中心）、国际技术转移中心，共同应对各国在经济发展、资源利用、生态保护等方面面临的重大挑战与机遇。打造"一带一路"国家学术交流平台，吸引各国专家学者、青年学生开展研究和学术交流。推进"一带一路"国家优质教育资源共享。

三是促进语言互通。研究构建语言互通协调机制，共同开发语言互通开放课程，逐步将国家语言课程纳入各国的学校教育课程体系。拓展政府间语言学习交换项目，联合培养、相互培养高层次语言人才。发挥外国语院校人才培养优势，推进基础教育多语种师资队伍建设和外语教育教学工作。扩大语言学习国家公派留学人员规模，倡导各国与中国院校合作在华开办本国语言专业。支持更多社会力量助力孔子学院和孔子课堂建设，加强汉语教师和汉语教学志愿者队伍建设，全力满足不同国家的汉语学习需求。

四是推进民心相通。鼓励学者开展或合作开展中国课题研究，增进各国对中国发展模式、国家政策、教育文化等各方面的理解。建设国别和区域研究基地，与对象国合作开展经济、政治、教育、文化等领域研究。逐步将理解教育课程、丝路文化遗产保护纳入各国中小学教育课程体系，加强青少年对不同国家文化的理解。加强"丝绸之路"青少年交流，注重通过志愿服务、文化体验、体育竞赛、创新创业活动和新媒体社交等途径，增进不同国家青少年对其他国家文化的理解。

五是推动学历学位认证标准联通。推动落实联合国教科文组织《亚太地区承认高等教育资历公约》，支持联合国教科文组织建立世界范围学历互认机制，实现区域内双边、多边学历学位关联互认。呼吁各国完善教育质量保障体系和认证机制，加快推进本国教育资历框架开发，助力各国学习者在不同种类和不同阶段教育之间进行转换，促进终身学习社会的建设。共商、共建区域性职业教育资历框架，逐步实现就业市场的从业标准一体化。探索建立各国教师专业发展标准，促进教师流动。

2．开展人才培养培训合作

一是实施"丝绸之路"留学推进计划。设立"丝绸之路"中国政府奖学金，为各国专项培养行业领军人才和优秀技能人才。全面提升来华留学人才培养质量，把中国打造成为深受各国学子欢迎的留学目的地。以国家公派留学为引领，推动更多中国学生到"一带一路"其他国家留学。坚持"出国留学和来华留学并重、公费留学和自费留学并重、扩大规模和提高质量并重、依法管理和完善服务并重、人才培养和发挥作用并重"，完善全链条的留学人员管理服务体系，保障平安留学、健康留学、成功留学。

二是实施"丝绸之路"合作办学推进计划。有条件的中国高等学校开展境外办学要集中优势学科，选好合作契合点，做好前期论证工作，构建科学的人才培养模式、运行管理模式、服务当地模式、公共关系模式，使学校顺利落地生根、开花结果。发挥政府引领、行业主导作用，促进高等学校、职业院校与行业企业深度产教融合。鼓励中国优质职业教育配合高铁、电信运营等行业企业"走出去"，探索开展多种形式的境外合作办学，合作设立职业院校、培训中心，合作开发教学资源和项目，开展多层次职业教育和培训，培养当地急需的各类"一带一路"建设者。整合资源，积极推进与各国在青年就业培训等共同关心领域的务实合作。倡议国家之间开展高水平合作办学。

三是实施"丝绸之路"师资培训推进计划。开展"丝绸之路"教师培训，加强先进教育经验交流，提升区域教育质量。加强"丝绸之路"教师交流，推动各国校长交流访问、教师及管理人员交流研修，推进优质教育模式在各国的互学互鉴。大力推进各国优质教学仪器设备、教材课件和整体教学解决方案的输出，跟进教师培训工作，促进各国教育资源和教学水平均衡发展。

四是实施"丝绸之路"人才联合培养推进计划。推进国家间的研修访学活动。鼓励各国高等院校在语言、交通运输、建筑、医学、能源、环境工程、水利工程、生物科学、海洋科学、生态保护、文化遗产保护等国家发展急需的专业领域联合培养学生，推动联盟内或校际教育资源共享。

3．共建丝路合作机制

一是加强"丝绸之路"人文交流高层磋商。开展国家间的双边、多边人文交流高层磋商，商定"一带一路"教育合作交流总体布局，协调推动各国建立教育双边和多边合作机制、教育质量保障协作机制和跨境教育市场监管协作机制，统筹推进"一带一路"教育共同行动。

二是充分发挥国际合作平台作用。发挥上海合作组织、东亚峰会、亚太经合组织、亚欧会议、亚洲相互协作与信任措施会议、中阿合作论坛、东南亚教育部长组织、中非合作论坛、中巴经济走廊、孟中印缅经济走廊、中蒙俄经济走廊等现有双边、多边合作机制的作用，增加教育合作的新内涵。借助联合国教科文组织等国际组织力量，推动各国围绕实现世界教育发展目标形成协作机制。充分利用中国-东盟教育交流周、中日韩大学交流合作促进委员会、中阿大学校长论坛、中非高校20+20合作计划、中日大学校长论坛、中韩大学校长论坛、中俄综合性大学联盟等已有平台，开展务实的教育合作交流。支持在共同区域、有合作基础、具备相同专业背景的学校组建联盟，不断延展教育务实合作平台。

三是实施"丝绸之路"教育援助计划。发挥教育援助在"一带一路"教育共同行动中的重要作用，逐步加大教育援助力度，重点投资于人、援助于人、惠及于人。发挥教育援助在"南南合作"中的重要作用，加大对相关国家尤其是最不发达国家的支持力度。统筹利用国家、教育系统和民间资源，为相关国家培养培训教师、学者和各类技能人才。积极开展优质教学仪器设备、整体教学方案、配套师资培训一体化援助。加强中国教育培训中心和教育援外基地建设。倡议各国建立政府引导、社会参与的多元化经费筹措机制，通过国家资助、社会融资、民间捐赠等渠道，拓宽教育经费来源，做大教育援助格局，实现教育共同发展。

三、精心组织"一带一路"国家文化教育大系的编著出版

在编写"一带一路"国家文化教育大系过程中，应当全面了解国内外对"一带一路"倡议的响应情况，关注进展，总结做法；应当在新冠肺炎疫情得到控制后到对象国去走一走，看一看，实地感受其教育情况和发展变化；应当广泛收集对象国一手资料，认真阅读，消化分析，吐故纳新；应当多方检索专家学者已经开展的相关研究，虚心参阅已有的研究成果。肆虐全球的新冠肺炎疫情，给人类身体健康和生命安全带来了巨大威胁，对世界格局和世界治理体系产生了重大影响，给全球各行各业带来了巨大挑战。教育置身其间，影响十分明显。因而，对"一带一路"国家文化教育进行研究时，必须观察分析疫情对相关国家文化教育和全球教育治理的深刻影响。

"一带一路"倡议提出后，中外已形成多个"一带一路"多边大学联盟。2015年5月22日，由西安交通大学发起的新丝绸之路大学联盟成立，迄今已吸引38个国家和地区的150余所大学加盟。该联盟是海内外大学结成的非政府、非营利性的开放性、国际化高等教育合作平台，以"共建教育合作平台，推进区域开放发展"为主题，推动"新丝绸之路经济带"国家和地区大学之间在校际交流、人才培养、科研合作、文化沟通、政策研究、医疗服务等方面的交流与合作，增进青少年之间的了解和友谊，培养具有国际视野的高素质、复合型人才，服务"新丝绸之路经济带"及欧亚地区的发展建设。

2015年10月17日，丝绸之路（敦煌）国际文化博览会筹委会文化传承创新高端学术研讨会在敦煌举行。中国的复旦大学、北京师范大学、兰州大

学和俄罗斯乌拉尔国立经济大学、韩国釜庆大学等 46 所中外高校在甘肃敦煌成立了"一带一路"高校战略联盟，以探索跨国培养与跨境流动的人才培养新机制，培养具有国际视野的高素质人才。46 所高校当日达成《敦煌共识》，联合建设"一带一路"高校国际联盟智库。联盟将共同打造"一带一路"高等教育共同体，推动"一带一路"国家和地区大学之间在教育、科技、文化等领域的全面交流与合作，服务"一带一路"国家和地区的经济社会发展。

2016 年 9 月，中国、中亚及丝绸之路经济带沿线 7 个国家的 51 所高校共同发起成立了中国–中亚国家大学联盟，旨在打造开放性、国际化互动平台，深化"一带一路"科教合作。

此外，高等教育合作研讨会也日渐增多，既有官方推动形成的研讨会，也有民间自发举办的研讨会。比如，中外大学校长论坛、新加坡–中国–印度高等教育论坛、"一带一路"教育对话论坛，以及北京师范大学举办的"一带一路"国家教育交流与合作高端研讨会，北京外国语大学举办的"一带一路"与行业国际化人才培养高峰论坛，北京理工大学主办的"一带一路"高等教育研究国际会议，浙江大学举办的"一带一路"背景下的工程科技人才培养国际研讨会等。这些多边研讨会的召开，不仅吸引了大量"一带一路"沿线国家的教育研究者与实践者参会，推动了研究与实践合作，而且创新了教育合作模式，促进了国际化高端人才培养，为"一带一路"建设奠定了民意基础。

"一带一路"倡议提出之后，中国学术界迅速开展了关于"一带一路"的研究活动，有关"一带一路"主题的图书主要有以下五类。第一类是倡议解读类图书，一般是梳理"一带一路"倡议的提出、发展及其理论内涵与外延。第二类是经济贸易类图书，专业性较强，主要为理论研究型图书。第三类是国情文史类图书，多为介绍"一带一路"国家国情概览、历史情况、发展概况的工具书，语言平实，部分图书学术性较强。第四类是丝路历史类图书，一般回顾古代丝绸之路的形成与发展、丝绸之路上的人物和大事记等，追古溯源，以便更好地开启"一带一路"新篇章。第五类是法律税收类图书，多为法律指引、税务规范手册等。

可以看出，国内对"一带一路"国家的研究已有一定基础，但是囿于语言翻译的障碍，已经出版的"一带一路"图书，大多是政策解读、数据报告、概况介绍等，对对象国的研究广度和深度还很不够，尤其是针对"一带一路"国家文化教育的系统研究还比较少。

在"一带一路"国家中，遴选具有代表性的对象，对其文化、教育进行系统性的研究，并在此基础上编写"一带一路"国家文化教育大系，分期分批出版，对于帮助中国普通读者和研究人员了解"一带一路"国家的文化教育情况，以及对于拓展我国比较教育研究领域、丰富比较教育研究文献，乃至对于促进中外文明互通、更好地参与推进"一带一路"建设，都具有重要意义。基于对选题背景与意义、相关出版产品调研和北京外国语大学比较优势的分析，"一带一路"国家文化教育大系坚持学术性、可读性兼顾原则，分批次推出，不断积累，以形成规模和品牌。

大系在内容上，一方面呈现"一带一路"国家的文化概貌，展示"一带一路"国家教育发展的文化背景和社会依托。大系采用专题形式，力求用简洁平实的语言生动活泼地介绍"一带一路"国家的自然地理、人文景观、历史发展、风土人情、文化遗产等内容，重点呈现对象国独有的文化现象和独特风貌，集中揭示其民族文化内涵、民族精神、人文意蕴。另一方面，大系重点研究、评价、介绍"一带一路"国家教育的基本情况、发展历史、发展战略、政策法规、现存体系、治理模式与师资队伍等，这方面内容占较大篇幅，是全书的重点和主要内容。

"一带一路"倡议正在成为我国参与全球开放合作、改善全球治理体系、促进全球共同发展繁荣、推动构建人类命运共同体的中国方案。作为国家社会科学基金（教育学）重大项目"新时代提升中国参与全球教育治理的能力及策略研究"的部分研究成果和北京外国语大学"双一流"建设重大标志性成果，"一带一路"国家文化教育大系计划在 2021 年中国共产党建党 100 周年和北京外国语大学建校 80 周年之际，推出首批图书。2023 年"一带一路"倡议提出 10 周年时，推出该项目二期成果。同时积极参与党和国家相关主题纪念活动，以及国家重大图书项目的申报评选工作。

北京外国语大学以外语见长，国际交往活跃，被誉为"共和国外交官的摇篮"，先后培养了 400 多位大使、2 000 多位参赞，以及更多的外交外事外贸工作者。凡是有五星红旗飘扬的地方，都能看到北外人的身影。北外不仅承担着培养各类国际化人才的任务，更担负着向中国介绍世界、向世界介绍中国的历史使命。迄今为止，北外已获批开设 101 种外国语言，成立了 37 个区域与国别研究中心，丰富的涉外资源正在助力"一带一路"国家的研究。

大系由外研社具体组织实施。外研社隶属北外，多年来致力于"一带一路"国家的合作交流，服务讲好"中国故事"，在中华思想文化传播、打造中外出版联盟、推动中外学术互译等方面积累了丰富经验，对于协助研究、编著、出版"一带一路"国家文化教育大系具有良好的工作基础。这也是北外及外研社的使命和担当之所在。

大系编著者以北外教师为主。服务国家重大战略，北外人责无旁贷。同时，国内有研究专长和研究意愿的专家学者也踊跃参与，他们或独自撰著一书，或与北外同仁合作。大系还邀请了驻外使领馆的同志和对象国的学者参加撰写或审稿，他们运用一手资料，开展实地调研，力图提升大系的准确性。

四、结语

"一带一路"倡议植根历史，更面向未来；源于中国，更属于世界。"一带一路"作为文明互鉴的桥梁，从亚欧大陆延伸到非洲、美洲、大洋洲，与世界各国发展战略及众多国际和地区组织的发展实现对接联通，在通路、通航的基础上更好地通商，进而开展文化教育交流与沟通，加强商品、资金、技术、文化、教育流通，达成互学互鉴的文明愿景。"一带一路"倡议的目标是中国与"一带一路"国家在互联互通基础上分享优质产能，共商项目投资，共建基础设施，共享合作成果，内容包括政策沟通、设施联通、贸易畅通、资金融通、民心相通"五通"。"一带一路"倡议肩负重大使命，它要探寻经济增长之道，将中国自身的产能优势、技术与资金优势、经验与模式优势转化为市场与合作优势，实行全方位开放，共享中国改革发展红利；它要实现全球化再平衡，鼓励向西开放，带动西部开发以及中亚、蒙古等内陆国家和地区的开发，在国际社会推行全球化的包容性发展理念，主动向西推广中国优质产能和比较优势产业，惠及沿途、沿岸国家，避免西方国家所开创的全球化造成的贫富差距和地区发展不平衡情况，推动建立持久和平、普遍安全、共同繁荣的和谐世界；它要开创地区新型合作，强调共商、共建、共享原则，超越了马歇尔计划和传统的对外援助活动，给21世纪的国际合作带来了新的理念。所以，新时代中国的教育学者应当将"一带一路"国家文化教育研究作为比较教育新的增长点，全面深入开展研究，以自己的聪明才智丰富学术，为国出力，服务国家重大发展战略；在加强与"一带一路"国家的交流合作中，推动"一带一路"建设高质量发展，努力建设高质量的中国教育体系，并积极参与后疫情时代全球教育治理体系改革，加快构建以国内大循环为主体、国内国际双循环相互促进的新发展格局。

2023 年春
于北京外国语大学

（王定华，北京外国语大学党委书记、博士、教授、博士生导师，国家督学。历任河南大学教师、中国驻纽约总领事馆教育领事、教育部基础教育一司司长、教育部教师工作司司长等。）

本书前言

有"高原水乡"美誉的乌干达是非洲东部的内陆国家，靠近非洲大陆中心，被称为"非洲的心脏"和"非洲明珠"。乌干达历史悠久、部族众多、人民热情好客，与我国建交 60 余载。2020 年，由山东师范大学外国语学院牵头成立了校级东非研究中心，依托山东师范大学在肯尼亚肯雅塔大学设立的孔子学院，集合外国语学院、国际交流学院、历史文化学院、齐鲁文化研究院等的研究力量，致力于东非教育、历史、文化、文学等领域的研究和交流。同年以校级东非研究中心为主要框架成立的山东省与东非地区交流合作研究中心入选山东省与特定国家或区域交流合作研究中心候选单位。经过两年的建设，2022 年该中心顺利通过山东省教育厅和山东省人民政府外事办的验收，获得认定，并入选通报表扬名单。山东省与东非地区交流合作研究中心主要研究领域包括我国与东非国家交流史文献研究、东非国家历史与文化研究、东非国家文学及非洲流散文学研究、东非国家教育发展及中非教育合作研究、齐鲁文化在东非国家外译与传播研究等。此次承担"一带一路"国家文化教育大系乌干达分册的撰写工作和山东省与东非地区交流合作研究中心的研究和实践领域完全契合，是一次难得的系统整合我中心的研究力量及东非各国文化和教育研究资源的机会。本书由我和李静共同完成，我负责了本书前言，第一、二、三、十、十二章以及结语部分的撰写，李静负责第四、五、六、七、八、九、十一章的撰写，全书由我最后统稿。李静在肯尼亚肯雅塔大学孔子学院担任中方院长多年，对非洲教育和文化非常熟悉，且完成过多项高层次相关立项。

本书共有十二章。第一章和第二章主要从自然地理、国家制度、社会生活、历史沿革、风土人情、文化名人等方面呈现乌干达的自然风貌和历史变革，以期引领读者对乌干达有一个基本了解。第三章梳理了乌干达的教育发展历史，回溯了乌干达本土教育、殖民教育、独立后教育以及 21 世纪教育的不同发展阶段，并就乌干达教育家优素福·基龙德·卢莱、教育家和思想家穆罕默德·马姆达尼、教育活动家比阿特丽斯·阿育鲁的教育理念和教育活动进行了述评。第四章到第九章对乌干达的学前教育、基础教育、高等教育、职业教育、成人教育、教师教育的发展和现状、特点和经验、挑战和对策进行了梳理、分析，以期勾描出乌干达教育发展的整体样貌。第十章聚焦乌干达教育政策与规划、实施与挑战，梳理了从 1925 年至今乌干达出台的主要教育规划以及取得的效果，并重点分析了政策规划和实施过程中出现的问题。第十一章介绍了乌干达中央和地方教育行政机构的运行机制、主要职责，并以此为基础分析了乌干达教育行政面临的主要问题。第十二章聚焦中国与乌干达的教育交流合作，并以职教品牌"鲁班工坊"为例，分析了其取得的效果及存在的问题。结语部分，主要对乌干达的教育发展，尤其是教育发展面临的问题进行了分析，并就未来中乌教育合作的重点进行了展望。

感谢北京外国语大学党委书记、中国教育学会副会长兼国际教育分会理事长、"一带一路"国家文化教育大系总主编王定华教授和外语教学与研究出版社刘捷编审、孙凤兰编审、张小玉编辑提供的专业支持和指导。感谢肖晨光、董启敏、高语晨、齐涛、夏卓琼、钟江华为本书提供了高质量的彩色插图。希望本书的出版能够为非洲国别教育研究贡献一份力量，能帮助读者对乌干达的文化教育情况有更全面、深入的了解。

王卓

2023 年 8 月于山东师范大学外国语学院

目　录

第一章 国情概览

乌干达共和国（The Republic of Uganda），简称乌干达，是非洲东部的内陆国家，靠近非洲大陆中心，被称为"非洲的心脏"。乌干达历史悠久，早在公元 1000 年，地处乌干达南部的布干达地区就建立了王国。19 世纪末布干达沦为英国的"保护国"。1962 年 10 月 9 日，乌干达宣布独立，成立乌干达联邦，但仍旧留在英联邦内。1967 年 9 月，乌干达宣布废除封建王国和联邦制，建立乌干达共和国。

第一节 自然地理

乌干达自然条件比较优越，水产资源丰富，远古时期就有原始人群居住。本节主要介绍乌干达的地理位置、地形地势、气候特征、自然资源及文化遗产。

一、地理位置

乌干达地处东非，横跨赤道，东邻肯尼亚，南接坦桑尼亚和卢旺达，西接刚果（金），北连南苏丹。全境大部位于东非高原，境内湖泊交错，丘陵连绵，山地平缓，有 146 个区，322 个县，58 197 个村庄。[1] 东非大裂谷的西支贯穿西部，谷底湖泊众多，全境湖泊、沼泽面积占 18.3%，有"高原水乡"的美誉。乌干达拥有非洲第三高峰鲁文佐里山（月亮山）的玛格丽塔峰和非洲最大湖、世界第二大淡水湖——维多利亚湖（面积约 69 484 平方千米 [2]）近一半的水域。维多利亚湖为尼罗河的源头之一。

"乌干达"一词来源于"干达人"，意为"干达人之国"。他们和布干达王国从 18 世纪开始走向强盛。乌干达曾被英国探险家亨利·莫顿·史丹利和英国前首相丘吉尔称为"非洲明珠"。首都坎帕拉被称为乌干达的缩影，是"明珠中的明珠"。

二、地形地势

乌干达国土面积 241 555 平方千米，其中陆地面积 200 520 平方千米，南北长约 550 千米，东西宽约 480 千米；赤道横穿而过，将乌干达分为北大南小的两部分。[3] 其国土南北介于北纬 4 度和南纬 1 度，东西介于东经 29 度和东经 35 度。大部分地区为高原，海拔 1 067 米至 1 372 米不等。两侧有高山环绕，东侧有埃尔贡山，海拔 4 321 米，为死火山；西南则有横跨刚果（金）和乌干达两国的鲁文佐里山脉，主峰为斯坦利山的玛格丽塔峰，海拔 5 111 米，是乌干达的最高点。[4] 而艾伯塔湖则是乌干达国土的最低点。

---

[1] 资料来源于乌干达统计局网站。

[2] 资料来源于大英百科全书。

[3] 资料来源于世界银行网站。

[4] 资料来源于乌干达统计局网站。

三、气候特征

作为高海拔的赤道国家，乌干达有着怡人的热带气候，全年温度适中，降水充沛。乌干达境内大部分属于热带草原气候，少数高山地区属于热带雨林气候。每年有两个雨季，分别是 3—5 月和 9—11 月，其余时间为旱季。东北部年降水量 500 毫米，而东南部靠近维多利亚湖的年降水量可达 2 100 毫米。

乌干达全年气温在 18—28 摄氏度之间。10 月气温最高，6 月气温最低。乌干达南部大部分地区海拔在 1 500 米左右，而北部地区海拔只有 620 米左右。[1] 由于气温与海拔关系紧密，海拔高的南部通常更凉爽，而海拔低的东北部则要更热一些。东北部有酷热干燥的沙漠，西部是雨量丰富的森林区，东部有一望无垠的平原。

四、自然资源

乌干达拥有的自然资源包括可耕地、石油、铜、钴、黄金等。虽然乌干达自然资源丰富，但开发程度较低。乌干达还拥有多种非金属资源，如滑石、云母、石墨、石灰石、黏土、长石、硅藻土、玻璃、高岭土、磷酸盐、镍和稀土元素。[2]

乌干达森林覆盖率为 12%，盛产硬质木材。水产资源丰富，维多利亚湖是世界上最大的淡水鱼产地之一。淡水水域占国土面积的 16%。大型湖泊有艾伯特湖、爱德华湖、乔治湖、库瓦尼亚湖、基奥加湖和维多利亚湖；尼罗河两条支流中较大的——维多利亚（艾伯特）尼罗河也贯穿该国。水力发电潜力约 2 000 兆瓦。

---

[1] 资料来源于乌干达统计局网站。

[2] 资料来源于世界地图集网站。

乌干达的主要经济作物有咖啡、茶、棉花、烟草和甘蔗，最主要的水果是香蕉，乌干达素有"香蕉之国"的美誉。此外还有菠萝、鳄梨、芒果、菠萝蜜、木瓜等。谷物主要有豆类、玉米、大米、小麦等。

五、文化遗产

根据联合国教科文组织的《世界遗产名录》，目前乌干达共有 3 处世界文化遗产，分别是布恩迪国家公园、鲁文佐里山国家公园和巴干达国王们的卡苏比王陵。[1]

布恩迪国家公园位于乌干达西南部，处于平原和山区森林的交汇处，占地 32 000 公顷。布恩迪国家公园以物种多样性而闻名，拥有 160 多种树木和 100 多种蕨类植物，是多种鸟类和蝴蝶的栖息地，还生活着包括山地猩猩在内的许多濒危动物。[2]

鲁文佐里山国家公园位于乌干达西部，面积 10 万公顷，由鲁文索瑞山脉的主干构成，包括高度 5 109 米的非洲第三高峰——玛格丽塔峰。该地区冰川、瀑布和湖泊交织，蔚为壮观，是非洲最美丽的山区之一。[3] 鲁文佐里山国家公园也是许多濒危物种的自然栖息地，园中生长着包括巨型石南花在内的许多珍稀植物。

卡苏比王陵位于坎帕拉的一座面积有 30 公顷的小山上，建成于 1882 年，其前身为巴干达国王卡巴卡的王宫，1884 年后成为皇家墓地，是巴干达人的圣地。穹隆屋顶的陵墓主建筑内有 4 位皇室成员的墓，都呈圆形。卡苏比王陵是最原始材料建筑的典范，主要由树木、稻草、芦秆等材料建成。

---

[1] 资料来源于联合国教科文组织网站。

[2] 资料来源于联合国教科文组织网站。

[3] 资料来源于世界遗产名录网。

王陵庭院两侧的 4 座草房原是王后和妃嫔居住的宫室。卡苏比王陵的设计和建造充分体现了人类巨大的创造力，也是乌干达流传至今的文化传统的最强有力的见证。卡苏比王陵的设计采用的是最传统的乌干达建筑风格，是乌干达宫殿建筑群的典范，反映了几个世纪以来乌干达建筑发展的技术成就。卡苏比王陵承担着体现乌干达历史、传统和信仰的重任，是乌干达重要的精神中心和王国最活跃的宗教中心。

根据联合国教科文组织的《非物质文化遗产名录》，乌干达目前有 6 项非物质文化遗产入选，分别是乌干达树皮衣制作，比格瓦拉-乌干达布索加王国葫芦丝音乐及舞蹈，乌干达西部的巴图罗、巴尼奥罗、巴图库、巴塔文达和巴尼阿宾蒂部族的恩帕寇传统，中北部兰戈人男孩洗礼仪式，库格尔、巴松格罗、巴尼阿宾蒂和巴图鲁地区人的口头传统和玛迪 U 型七弦琴音乐舞蹈。其中乌干达树皮衣制作入选人类非物质文化遗产代表作名录，其他 5 项入选亟须保护的非物质文化遗产名录。[1]

第二节 国家制度

国家制度通常分为两个方面：国家性质及国家形式。前者即国体，后者包括政体和国家结构形式。它是一个国家的宪法、法律规定的关于这个国家的性质和形式的总称。一个国家选择什么样的国家制度和国家治理体系，是由这个国家的历史文化、经济发展水平及社会性质等因素决定的。本节主要介绍乌干达的国家标志、行政区划、宪法、国体政体等。

---

[1] 资料来源于联合国教科文组织网站。

一、国家标志

国家标志或象征代表了国家的主权、独立和尊严。常见的国家标志或象征包括国旗、国徽、国歌、货币等。

（一）国旗

1962 年 10 月 9 日，乌干达脱离英国获得独立，乌干达国旗正式启用。乌干达国旗由黑色、黄色和红色相间的六条平行相等的水平条纹组成。黑色代表乌干达人民，黄色代表阳光，红色代表兄弟情谊。

乌干达的国旗中间有一白色圆盘，上面印有乌干达的国鸟皇冠鹤。[1] 在重要场合或正式升旗仪式上，使用带国鸟图案的国旗；一般场合则用无国鸟图案的黑、黄、红的色条旗。

（二）国徽

乌干达的国徽反映了乌干达人民的生产生活和美好愿望。盾牌和长矛是非洲的传统防御工具，代表了乌干达人民保卫国家的意愿。盾牌矗立在一个绿色的土堆上，代表肥沃的土地，土堆上方的蓝白图案象征着尼罗河和维多利亚湖。河边的经济作物咖啡和棉花，寓意着乌干达农业生产充满生机和活力。盾牌右侧是一只皇冠鹤，它是灰冠鹤的亚种，也是乌干达的国鸟，是友好、温和、热爱和平的象征。

盾牌左边的水羚羊代表乌干达有丰富的野生动物。盾牌上，太阳代表了乌干达作为一个赤道国家所拥有的充足阳光。镶有黄色花纹的非洲传统

---

[1] 资料来源于大英百科全书。

6

鼓是乌干达人民文化遗产的象征。敲响传统鼓，人们开始起舞，这象征着召集人们参加会议和仪式。盾顶的蓝线代表乌干达丰富的降雨量。底部黄色饰带上用英文书写着乌干达的格言："为了上帝和我的国家。"[1]

（三）国歌

乌干达国歌为《啊！乌干达，美丽之地》，全曲仅有八小节。1962年，乌干达脱离英国独立以后，《啊！乌干达，美丽之地》被正式采用为国歌，并在同年10月9日的独立庆祝活动上首次公开播放。[1] 以下为歌词全文：

啊！乌干达！愿上帝保佑你，

我们把自己的未来委以在你的手中。

团结，自由，

为了自由，

我们将永远在一起。

啊！乌干达！自由之地。

我们付出的爱与劳动，

与所有的邻居，

应答我国的呼唤，

我们将生活在和平与友谊中，

啊！乌干达！养育我们的土地，

由阳光和肥沃的土壤滋养。

为了我们亲爱的土地，

我们将永远站着，

非洲的明珠皇冠。

---

[1] 资料来源于乌干达政府网站。

（四）货币

乌干达使用乌干达先令（简称乌先令），乌先令分为硬币和纸币。乌先令由乌干达银行（中央银行）发行，1 乌干达先令等于 100 分。货币符号为 UGS。根据乌干达国家银行 2023 年 2 月 3 日官方网站数据，当天指导汇率买入价乌先令兑美元为 3 666.92∶1，卖出价美元兑乌先令为 1∶3 676.92。[1]

二、行政区划

坎帕拉为乌干达首都，是全国最大的城市，属于东 3 时区，比北京时间晚 5 个小时。坎帕拉是全国政治、经济和文化中心，面积为 238 平方公里，分 5 个区，人口约 160 万，产业主要包括通信、食品加工、烟草、化工、木材、塑料和皮革制品。[2] 其他主要经济城市有金贾（旅游和工业）、姆巴拉拉（农牧业）、恩德培（旅游和工业）、马萨卡（农业）等。

乌干达全国原分为 45 个区，区数量常有增加。1994 年，乌干达设立非营利组织"乌干达地方政府联合会"，所有区和乡镇都作为会员参加，缴纳一次性会费。2000 年 11 月，乌干达议会批准新成立 11 个区，共有 56 个区。这些区可以分为 4 个地理区。区下面设立若干县。4 个地理区分别为中央大区（驻坎帕拉），即布干达王国，面积 61 403 平方千米；西部大区（驻姆巴拉拉），面积 55 276.6 平方千米；东部大区（驻姆巴莱），面积 39 478.8 平方千米；北部大区（驻古卢），面积 85 391.7 平方千米。2015 年 9 月，乌干达议会批准新设立 23 个区，此后陆续增加，到 2019 年 7 月，已经增加到 135 个区。2020 年 7 月，新设立泰雷戈区，从阿鲁阿区分出，

---

[1] 资料来源于乌干达中央银行网站。
[2] 资料来源于乌干达统计局网站。

同时设立金贾市、姆巴拉拉市、古卢市、波特尔堡市、阿鲁阿市、姆巴莱市、马萨卡市等 7 市，加之此前的首都市，形成了 136 个区 8 市的行政区格局。[1]

三、宪法

1966 年乌干达国民议会通过新宪法，取代了独立前由英国政府起草的旧宪法。1967 年，奥博特领导的乌干达人民大会党执政，于 1967 年 9 月 8 日通过独立后的第二部宪法。该宪法共有 12 章。宪法规定：乌干达为共和国，取消封建王邦，废除国王，实行中央集权制，总统为国家元首兼政府首脑和武装部队总司令。总统经大选产生，任期 5 年。凡年满 35 岁、符合国民议会议员当选条件的乌干达人都有资格被选为乌干达总统。参加竞选的各政党可推举 1 人作为该党的总统候选人。1995 年 10 月 8 日乌干达正式颁布实施新宪法，规定乌干达为共和制，实行三权分立。根据 1995 年宪法建立的主要机构包括司法和宪法事务部、司法部、议会、法律改革委员会等。司法机构是独立的法律机构。最高法院是终审法院，只审理下级法院提出的案件，对总统选举申诉案拥有原始司法权，即在总统选举中任何候选人可直接向最高法院提出诉讼，其判决形成的案例，下级法院必须遵循。

2005 年 11 月，乌干达修订了 1995 年宪法。宪法规定总统由直接选举产生，每届任期 5 年，无任界限制；议会有权弹劾总统和罢免不称职的部长，总统的重大任命、决定和签署重要条约均应先经议会批准；成立由部分内阁成员和议员组成的国务委员会，负责解决政府与议会之间的矛盾，

---

[1] 资料来源于乌干达行政区划：人口统计与图表。

出现政治危机时充当总统顾问，并代表议会批准总统的任命。2017 年乌干达再次修改宪法，取消了总统年龄限制。

四、国体政体

独立以后，乌干达逐步建立起多党民主政体。[1] 自 1986 年执政以来，穆塞韦尼总统领导的乌干达"全国抵抗运动"坚持"无党政治"体制 20 多年，结束了乌干达长期兵连祸结的动乱局面，恢复了和平与生机。[2]1995 年乌干达宪法规定乌干达为共和制，实行三权分立。乌干达政府由行政、司法和立法机构三个部分构成。司法机构由大法官领导，具有阐释和捍卫国家宪法的职责。乌干达的司法机构相对独立，由宪法保证其免于立法和行政机构的干扰。司法机构包括最高法院、上诉法院、高等法院、商事法院和地方法院。乌干达的立法机构即议会，由议长领导，为一院制。

2005 年，乌干达政治体制发生重大转变。7 月，乌干达就保留"运动制"或实行多党制举行全民公决，92.5% 的民众赞成开放党禁，乌干达至此进入多党制国家行列。8 月，乌干达议会表决通过以取消总统任期限制为主要内容的宪法修正案。2006 年 2 月 23 日，乌干达举行首次多党大选，"全国抵抗运动"候选人穆塞韦尼以 59.28% 的支持率再次当选总统。2011 年 2 月 18 日，乌干达举行第二次多党大选。同月 20 日，乌干达选举委员会宣布穆塞韦尼以 68.38% 的得票率再次胜出。2017 年年底，穆塞韦尼推动修宪，取消了 75 岁的年龄限制，穆塞韦尼由此得以再次参加竞选。2018 年 2 月 18 日，穆塞韦尼在大选中打败了 7 位对手，以 60.75% 的选票开启了他的第五个总统任期；2021 年 1 月 16 日，乌干达公布大选结果，穆塞

---

[1] 孙红，罗林. 乌干达国情报告（政党团体人物）[M]. 北京：社会科学文献出版社，2018.

[2] 魏翠萍. 从"无党政治"到多党民主——乌干达政治体制演变探析 [J]. 西亚非洲，2009（9）：32-38.

韦尼以 59% 的得票率赢得总统大选，开始第六个总统任期。目前，乌干达政局稳定。

第三节 社会生活

乌干达是一个多民族国家，也是一个多语言国家，工业基础薄弱，经济以传统农业为主，医疗卫生条件不够发达，人口增长率较高。

一、人口、民族与语言

（一）人口

截至 2022 年，乌干达人口总数约为 4 725 万人，同比增长 3.27%，比 2000 年的 2 402 万人的统计数据几乎翻了一番。1950—2020 年，乌干达全国人口增长情况如图 1.1 所示。[1]

从图 1.1 可以看出，乌干达人口呈逐年递增趋势，且 2000 年之后增长势头尤为迅猛。

由于传染病、内战等原因，乌干达贫困人口比例很高。根据乌干达政府发布的统计数据，2000 年，乌干达贫困人口占比 33.8%，此后大体呈现下降趋势，到 2020 年，贫困人口占比下降到 20.3%。[2]2000—2020 年乌干达贫困人口占比见图 1.2。

乌干达是获得世界银行和国际货币基金组织认可并实施减贫战略的第

---

[1] 资料来源于全球经济指标数据网。

[2] 资料来源于乌干达政府网站。

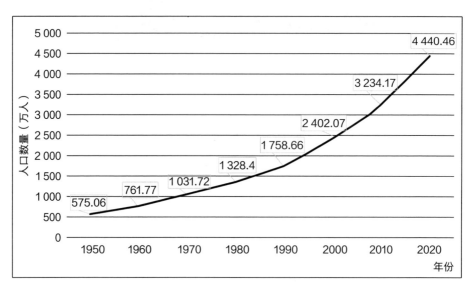

图 1.1 1950—2020 年乌干达人口数量

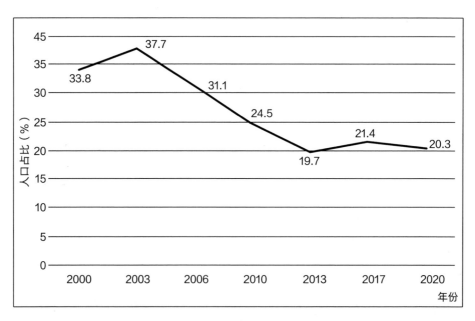

图 1.2 2000—2020 年乌干达贫困人口占比

一个非洲国家。近年来，随着乌干达经济和社会的快速发展，乌干达的减贫事业也取得了显著成绩。减贫的成绩离不开乌干达政府的努力和国际组织以及各个国家的援助。世界银行等国际组织每年提供约 9 亿美元的各类扶贫援助资金和贷款，支持乌干达的减贫战略。但是，目前乌干达的贫困问题依旧比较突出，随着总人口的增长，贫困人口的比例虽然有所下降，但绝对数量有所增加。

新冠肺炎疫情对乌干达的减贫事业也造成了一定影响。乌干达统计局公布的数据显示，乌干达的贫困率已从疫情前的 18% 上升到了 28%，并且城乡之间的差距进一步加大。[1]

（二）民族

乌干达全国约有 65 个民族。按照语言划分，有班图人、尼罗人、尼罗-闪米特人和苏丹人四大族群。每个族群由若干民族组成。班图族群占总人口的 2/3 以上，包括巴干达（占总人口的 18%）、巴尼安科莱（占总人口的 16%）、巴基加和巴索加等 20 个民族。尼罗族群包括兰吉、阿乔利等 5 个民族。尼罗-闪米特族包括伊泰索、卡拉莫琼等 7 个民族。苏丹族群包括卢格巴拉、马迪等 4 个民族。[2] 这些部族通常有自己特定的居住区域，大部分班图部族生活在南部，尼罗人则生活在中北部，尼罗-闪米特人生活在东北部，而苏丹人则生活在西北部。除此之外，他们还有着迥异的文化特征。比如，大多数班图人过着定居农耕的生活，而尼罗-闪米特人则过着游牧生活。约 85% 的乌干达人生活在农村地区。部族在乌干达政治、经济和生活中仍发挥着重要作用，一些政党建立在部族和区域基础之上。在经济上，乌干达各部族之间发展也不均衡。

---

[1] 资料来源于乌干达统计局网站。

[2] 中华人民共和国外交部. 乌干达概况 [EB/OL].（2023-04）[2023-07-10]. https://www.mfa.gov.cn/web/gjhdq_676201/gj_676203/fz_677316/1206_678622/1206x0_678624/.

（三）语言

乌干达官方语言为英语和斯瓦希里语，各部族均有自己的语言，但大多数只有发音而无文字。其中卢干达语是第一个拥有详细文字记载的书写语言，是乌干达中部百姓使用较普遍的一种地方语言。斯瓦希里语在乌干达北部和东北部一些地区使用较普遍。

从 1894 年沦为英国"保护国"至今，英语就成为乌干达的全国性官方语言。由于当时的乌干达缺少一种广为传播的本土语言来完成国家的政治和经济整合，英国殖民当局就通过学校教育和大规模的成人扫盲计划来推广英语。[1] 随着基督教在乌干达的传播，英语更是随着《圣经》走进了很多乌干达人的日常生活。此外，乌干达各个部族之间存在争端，因此很难有一种地方语言能成为通用语言，这使英语无意中成为通用语言而得以广泛使用。殖民时代的乌干达精英们认同殖民文化，支持英语作为官方语言。因此，英语成为乌干达精英人士和高收入人群的通用语言。[2]

尽管乌干达的其他语言，如斯瓦希里语、卢干达语、卢奥语的使用频率不高，但一直顽强地存在。在这三种语言中，使用人数最多的是卢干达语和斯瓦希里语。干达族是乌干达人口最多的部族，卢干达语也一度成为乌干达的通用语，但由于部族之间存在冲突和矛盾，卢干达语没能最终成为全国性语言。斯瓦希里语于 20 世纪 70 年代被当时的政府升格为乌干达的全国性语言，但后任政府并没有认可这项政策，斯瓦希里语在乌干达的地位没有从根本上改变。直至 2005 年，斯瓦希里语才成为第二官方语言，但在某种程度上，该语言在乌干达的学校其实是作为一门外语来教授的。

乌干达的语言教育政策可以追溯到 19 世纪 90 年代。语言政策对于社

---

[1] 奥蒂索. 乌干达的风俗与文化 [M]. 施雪飞，译. 北京：民主与建设出版社，2018：4-5.

[2] MEIERKORD C, ISINGOMA B, NAMYALO S. Ugandan English: its structure, use and in a globalising post-protectorate[M]. Amsterdam: John Benjamins Publishing Company, 2016: 43.

会发展、政治、经济、教育等视野的提升具有重要意义。1894 年英国政府占领了中非大部分地区，并宣称该地区为英国的保护地。从殖民地时期（1894—1962 年）、后殖民时期（1962—1988 年）到 1989 年的卡朱比教育政策评审委员会报告发布，乌干达经历了一个漫长而复杂的语言政策的调整过程。[1] 乌干达语言政策争论的焦点是只使用英语，还是只使用地方语言，或者两者皆可。时至今日，相似的争议依旧存在。语言政策的制定者也不得不直面一个事实，那就是由于历史原因，乌干达是一个多语言国家，地方语言有 50 种之多。因此，尽管几经调整，语言政策也基本为多语政策。

乌干达的语言政策几经调整，重心在当地语言、区域语言、斯瓦希里语、英语之间不断转换。1992 年，根据卡朱比教育政策评审委员会的建议，乌干达政府发布的《政府教育白皮书》对乌干达的语言使用做了更为明确的规定，学生的母语或者至少是从孩童时期就熟悉的语言应该在乡村小学低年级作为教学语言，而 4 年级应该被作为向英语过渡的年级，5 年级到 8 年级英语应为教学语言。[2]

二、经济与贸易

乌干达是联合国公布的世界最不发达国家之一，但近几年经济发展呈现良好态势。2020 年人均国内生产总值（以下简称 GDP）为 916 美元，2021 年为 957 美元。其中 2018 和 2019 年增长幅度较大，2019 年增长率为 6.44%，是近 10 年来可喜的成绩。尽管 2020 年由于疫情影响，增长幅度仅为 2.95%，但 2021 年已经呈现出明显的增长态势。2015—2021 年乌干达

---

[1] NANKINDU P. The history of educational language policies in Uganda: lessons from the past[J]. American journal of educational research, 2020, 8(9): 643-652.

[2] 资料来源于乌干达政府网站。

GDP 情况和 2011—2021 年乌干达 GDP 增长率分别见表 1.1 和图 1.3。[1]

表 1.1 2015—2021 年乌干达 GDP 情况

年份	GDP（亿美元）	人均 GDP（美元）
2015	275.3	787
2016	245.3	682
2017	258.8	774
2018	279.0	797
2019	347.5	891
2020	364.21	916
2021	405.3	957

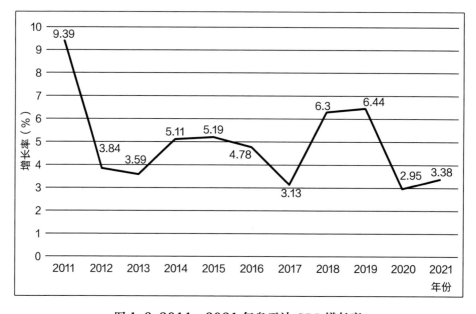

图 1.3 2011—2021 年乌干达 GDP 增长率

---

[1] 资料来源于乌干达统计局网站。

农业、林业和渔业是乌干达传统经济支柱产业。2020—2021年农、林、渔业GDP为27.096万亿乌先令，占GDP的最大份额为22.11%；2021—2022年为30.233万亿乌先令，占GDP的最大份额为22.42%。农、林和渔业中粮食作物占比最大，2020—2021年占比37.91%，2021—2022年占比37.07%。[1]

2020—2021年工业的GDP为37.524万亿乌先令，占全部GDP的最大份额为30.62%；2021—2022年为40.610万亿乌先令，占GDP的最大份额为30.12%。工业中制造业所占份额最大，2020—2021年占60.68%，2021—2022年占61.30%。[2]

2020—2021年服务业的GDP为47.274万亿乌先令，占比38.71%；2021—2022年服务业的GDP为51.625万亿乌先令，占比38.30%。[3] 这和乌干达实行优先发展农业和制造业、重点发展私营经济、推行自由贸易的经贸发展战略密切相关。

在对外贸易方面，乌干达1995年1月加入世界贸易组织。2000年7月，乌干达加入东非共同体，2010年7月1日，东非共同体共同市场协议全面实施。2012年乌干达加入东南非共同市场自由贸易区，2014年7月正式实施。

据统计，2020年，乌干达对外贸易总额138.1亿美元。其中，出口58.7亿美元，进口79.4亿美元，贸易赤字20.7亿。2018年，乌干达服务贸易总量为45.1亿美元，其中，出口19.7亿美元，进口25.4亿美元。[3] 乌干达出口市场主要是东非地区和欧洲地区，进口来源地主要是东亚、东非和南非、欧洲和中东地区。从近五年乌干达的进出口统计数据来看，出口增长最快的国家和地区包括阿联酋、南苏丹和刚果（金），进口增长最快的国家和地

---

[1] 资料来源于乌干达中央银行网站。

[2] 资料来源于乌干达中央银行网站。

[3] 资料来源于乌干达中央银行网站。

区包括坦桑尼亚、中国和赞比亚。[1] 2019—2020 年度乌干达主要贸易伙伴见表 1.2。

表 1.2 2019—2020 年乌干达主要贸易伙伴 [2]

进口来源地	占进口总额比例	出口目的地	占出口总额比例
中国	14.8%	阿联酋	44.5%
肯尼亚	11.8%	肯尼亚	11.2%
印度	10%	南苏丹	8.6%
坦桑尼亚	9.24%	刚果（金）	6.4%
阿联酋	6.52%	意大利	3.3%
津巴布韦	4.17%	坦桑尼亚	2.29%
沙特阿拉伯	2.95%	德国	2.26%
冈比亚	2.68%	苏丹	2.17%
日本	2.37%	荷兰	1.9%
南非	2.36%	比利时	1.7%
德国	2.05%	布隆迪共和国	1.41%
印度尼西亚	2.01%	美国	1.41%

农业是乌干达支柱产业，其出口产品主要以农产品为主，该国主要出口产品是咖啡、棉花、茶叶、烟草、鱼、皮革、鲜花、水果、蔬菜等传统农作物。乌干达工业基础落后，经济发展所需的机械设备、高新技术等产品全部依赖进口，主要进口商品包括机械设备、高新技术产品、纺织品、化工产品、汽车、汽油、柴油、工业消费品等。2014—2020 年乌干达本地主要产品出口情况见表 1.3。

---

[1] 资料来源于乌干达中央银行网站。

[2] 资料来源于麻省理工学院数据平台"经济复杂性观察站"。

表 1.3 2014—2020 年乌干达主要产品出口情况 [1]

（单位：亿美元）

出口产品	2014 年	2015 年	2016 年	2017 年	2018 年	2019 年	2020 年
黄金	0.34	1.20	7.07	8.17	16.5	17.2	34.7
咖啡	4.10	4.03	3.72	4.91	4.92	4.52	5.39
棉花	0.22	0.21	0.32	0.48	0.41	0.67	0.43
茶叶	0.95	0.65	0.61	0.66	0.76	0.62	0.69
烟草	1.0	1.19	1.0	0.71	0.84	0.75	0.24
鱼和鱼制品	1.35	1.18	1.22	1.32	1.46	1.74	1.20
石油产品	1.45	1.25	1.14	1.24	1.29	—	—
水泥	0.89	0.80	0.61	0.50	0.45	—	—
动植物油	1.02	0.79	0.62	0.20	0.16	—	—
食糖	0.69	0.66	1.00	1.27	0.85	—	—
玉米	0.44	0.91	0.70	0.78	1.25	—	—
啤酒	0.13	0.10	0.11	0.12	0.11	—	—

三、医疗卫生

乌干达的卫生体系是科层制结构，有 2 个管理层级和 5 个服务层级。管理和服务机构统归国家卫生部。其中国家中心医院和大区中心医院直属卫生部，其他层级的服务机构归属地区卫生管理机构。目前乌干达的卫生机构（公立、私立、非营利私立）共 6 937 家，其中 3 133 家为国有，1 002 家为私立非营利机构，2 795 家为私立营利机构，7 家为社区服务机构。[2] 乌干

---

[1] 资料来源于麻省理工学院数据平台"经济复杂性观察站"。

[2] 资料来源于乌干达卫生部网站。

达的卫生服务体系如图 1.4 所示。

图 1.4 乌干达卫生服务体系 [1]

乌干达公共卫生事业发展滞后。据世界卫生组织统计，2019 年乌干达全国医疗卫生总支出占 GDP 的 3.83%，且近年来呈现下降趋势（见图 1.5）。

---

[1] 中国对乌干达的卫生发展援助 [EB/OL]. (2017-06-26)[2023-02-25]. https://max.book118.com/html/2017/0522/108321557.shtm.

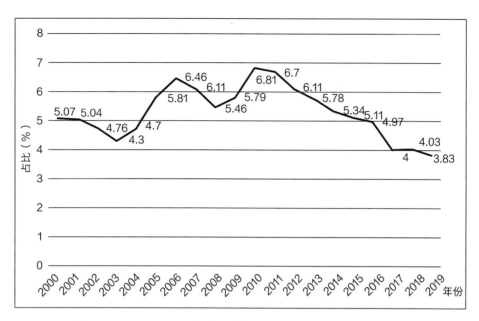

图1.5 2000—2019年乌干达医疗卫生支出在GDP中的占比

2006—2013年，平均每万人拥有药师1人；2006—2012年，平均每万人拥有医院床位5张，远远低于国际平均水准。2011年全国能够使用较为安全的卫生设备的人口比例仅为35%。根据2016年乌干达人口与健康调查数据，19%乌干达家庭能够使用改良的厕所，比2011年的15%略有提升。超过55%乌干达家庭只能使用未经改善的厕所设施。[1]

在传染病方面，疟疾、肺结核、霍乱和艾滋病是乌干达四大致命流行疾病。其中，疟疾是乌发病率和致死率最高的疾病。据统计，52%的5岁以下的儿童感染过疟疾。2012—2013财年，在15岁以下因病致死的人群当中，疟疾致死率达到24.9%，而在15岁以上人群中这一比例则为17.4%。在非洲，乌干达因疟疾死亡人数列第三位。[2]

近年来，在各国援助下，乌干达医疗卫生事业取得一定发展。1986—2011

---

[1] 资料来源于世界银行网站。

[2] 资料来源于世界银行网站。

年，婴儿死亡率从 122‰ 下降到 54‰，孕产妇死亡率从 9‰ 降至 4.38‰。[1]

综上，被誉为"东非高原水乡"的乌干达是一个多民族、多语言、多方言的国家，是东非经济共同体的重要成员。乌干达也是世界上人口增长率最高的国家之一，经济主要以传统农业为主，工业基础相对薄弱，医疗卫生条件落后，属于经济欠发达国家。因此，乌干达政府在消除贫困、促进商贸往来、改善公共卫生等方面仍需投入更多精力。不过，在过去三十年中，乌干达经济发展较为迅速，保持了相对良好的发展势头。

四、新闻媒体

（一）报纸、杂志

乌干达拥有相对自由的新闻环境，报纸杂志种类较多。媒体共有 10 余种用英语和卢干达语出版的全国和地区性报刊，发行总量约 10 万余份。主要报刊有《每日箴言报》《新愿景报》等。[2]

《每日箴言报》创办于 1992 年，是乌干达最大的私营英文日报。《每日箴言报》发行量约为 3.8 万份。1999 年，肯尼亚民族报媒体集团购买了《每日箴言报》的所有权，注入了资金和专业技术，使该报有了长足发展。2001 年，《每日箴言报》进入广播产业，建立了无线调频广播电台。[3]

《新愿景报》于 1986 年 5 月创刊，唯一的官方英文日报，是乌干达主导性报纸。尽管该报是官方英语报纸，但该报不接受任何赞美政府的文章，

---

[1] 中华人民共和国外交部. 乌干达概况 [EB/OL]. （2023-04）[2023-07-10]. https://www.mfa.gov.cn/web/gjhdq_676201/gj_676203/fz_677316/1206_678622/1206x0_678624/.

[2] 中国一带一路网. 乌干达 [EB/OL]. （2020-10）[2023-07-10]. https://www.yidaiyilu.gov.cn/p/66291.html.

[3] 中国一带一路网. 乌干达 [EB/OL]. （2020-10）[2023-07-10]. https://www.yidaiyilu.gov.cn/p/66291.html.

在一定程度上能起到新闻媒体监督和促进政府的作用。[1]

此外，乌干达还有《警戒者报》《友人报》《东非人报》《观察者报》等报纸。《警戒者报》是一份私营英文报纸，于 1992 年创刊，现为日报。《友人报》是一份卢干达语日报，于 1911 年创刊，是乌干达历史最悠久的报纸，原为天主教报纸，后由友人出版公司经营。《东非人报》是一份英文周报，于 1994 年 11 月首次发行，在坦桑尼亚、肯尼亚和乌干达同时出版。该报深受乌干达知识分子和精英人士的欢迎。《观察者报》在 2004 年成立，报纸每两周发行一次，仅在星期一和星期四发行，其办事处位于坎帕拉。

乌干达的杂志有 50 多种，大部分为农业科学、制造业、教育、法学、医学、语言、旅游、历史、金融等专业的研究性杂志。[2] 其中最有影响的主要有《公民》周刊、卢干达语《公民》周刊、《传统》季刊、《成功》季刊、《新时代》季刊、《女性黎明》月刊、《教育家》月刊、《乌干达》半年刊等。其中高等院校和研究机构的专业刊物有 10 多种，如麦克雷雷大学农学系出版的英语半年刊《东非农业发展》等。乌干达的大部分杂志是英文杂志，以首都坎帕拉形成的文化圈为中心流通，其他地区报刊的普及率很低，这主要和乌干达识字率低、收入低、交通不便等社会经济状况有很大关系。

（二）广播、电视、互联网

乌干达广播电台成立于 1954 年，采用 22 种语言播音，包括英语、法语、阿拉伯语、斯瓦希里语等。乌干达通讯社为国家新闻机构，设有地球卫星转播站。国家广播电台设有中、短、调频等波段，以英语和斯瓦希里语播音为主，另有卢干达语等 30 个部族语言的广播。2005 年与乌干达电视台一起归乌干达广播公司管理，并改称"乌干达广播公司电台"。乌干达电

---

[1] 魏翠萍. 乌干达 [M]. 北京：社会科学文献出版社，2012：467.

[2] 魏翠萍. 乌干达 [M]. 北京：社会科学文献出版社，2012：469.

视台在 6 个乡镇设有转播台，其电视节目能够覆盖全国。[1]

广播是乌干达最重要的大众传播形式，收音机在全国的普及率很高。由于乌干达经济发展的不平衡，在政治比较稳定、经济发展水平较高的南部，收音机的普及率要远远大于政局不稳、经济落后的北部。广播信号强度分布也偏向于南部。

乌干达电视台成立于 1963 年，是政府管理的商业机构，设在坎帕拉。乌干达电视台用英语、斯瓦希里语和卢干达语等语言向国内外播放新闻和娱乐节目，每日播放 6—7 小时，大部分地区和主要城镇都能接收到电视节目。电视信号供应商有"灯塔"电视广播网、国际电视网、乌干达电视网、"非洲 28"电视网、"瓦发"广播网。2009 年 5 月，中国四达数字电视取得乌干达政府颁发的付费电视牌照和数字电视传输系统牌照，2010 年 10 月正式运营，采用卫星通信技术与地面无线数字电视广播传输技术，在乌干达建立多频点多频道无线数字电视传输平台，运营面向大众的数字电视业务和付费电视业务，并向乌干达国家电视台和其他商业电视台提供数字电视传输服务。乌干达电视机的普及率要远低于收音机。

乌干达的互联网开放程度不高，不过近几年也呈现上升趋势。根据《2021 乌干达全国服务提供调查》数据，乌干达 15 岁及以上人口中有 9% 人口在过去的三个月中使用过互联网。城市居民的使用率达到 21%，而首都坎帕拉经达到 42%。随着互联网的发展，乌干达的在线新闻网站也逐渐发展起来。其中"乌干达非洲在线""非洲在线：乌干达新闻""全非王：乌干达频道""坎帕拉 1 号"等新闻网站比较有影响。这些网站主要报道新闻、商业、旅游、体育、教育、健康等内容。[2]

---

[1] 中华人民共和国外交部. 乌干达概况 [EB/OL].（2023-04）[2023-07-10]. https://www.mfa.gov.cn/web/gjhdq_676201/gj_676203/fz_677316/1206_678622/1206x0_678624/.

[2] 资料来源于 2021 年乌干达全国服务提供调查报告。

第二章 文化传统

　　乌干达部族众多，文化形式和社会生活方式多样。乌干达的音乐、舞蹈、文学等艺术形式均取得了辉煌的成就。随着 20 世纪八九十年代乌干达政治局势趋于稳定，国家实施了文化扶持政策，乌干达在现代艺术等领域更是取得了令世界瞩目的成绩。

第一节 历史沿革

　　乌干达悠久的历史赋予了它独特的文化，使之成为世界文化遗产的重要组成部分。本节重点介绍乌干达的历史发展。

一、历史早期（1894 年以前）

　　乌干达有文字记载的历史是从 19 世纪 60 年代初开始的，[1] 然而乌干达的历史却远比这一文字记录的时间更悠久。人类在乌干达定居的历史可追

---

[1] 英厄姆. 现代乌干达的形成 [M]. 钟丘，译. 北京：商务印书馆，1973：7.

溯至公元前 4 世纪，因此乌干达的历史并非西方人"创造"[1]，而是乌干达人在这块土地上世代相传形成的。公元 900 年，乌干达境内较大的政治组织开始形成，班图人开始在西部建立王国，有的王国统治的臣民多达 100 万人以上。[2] 公元 1000 年，地处乌干达南部的布干达地区建立了王国。公元 13 世纪，在今乌干达西部有一个叫基塔拉的酋长国，14 世纪，游牧部落巴契韦齐人征服了这个国家。15 世纪末至 16 世纪初，原居苏丹南部的卢奥人南下取代了巴契韦齐人的统治，建立布尼奥罗王国，在布干达建立了巴比托王朝。然而不久，这些外来统治者就被当地从事农业而文化较高的班图人所同化。在乌干达西南部，欣达人建立了安科莱王国。在乌干达北部，有许多各自为政的小国和氏族部落。1830 年前后，布尼奥罗王国的王子卡波约在鲁文佐里山以东建立托罗王国。从 17 世纪起，布干达王国日渐强大并不断向外扩张。到 18 世纪中叶，其势力已超过布尼奥罗王国。[3]19 世纪中叶，布干达王国成为东非地区最强盛的国家。

布干达王国形成于维多利亚湖北岸。布干达的意思就是巴干达人的地区，居民为巴干达人。18 世纪末，布干达王国的中央集权制已高度发展。国王获得了至高无限的权力，掌握王国生杀予夺的大权。各地行政长官均由国王直接论功任免。布干达中央集权体制发展程度在非洲比较突出。与此同时，为了促使邻国向其纳税进贡，17 世纪以后，布干达王国发动了一系列征服战争，迫使邻国臣服。到 19 世纪后期，布干达王国每年都可以定期收到来自安科莱、布索加和卡拉圭的统治者的进贡，贡品主要为奴隶、牛、象牙等；19 世纪末，贡品逐渐被贝壳钱币取代。[4] 布干达王国的经济和社会的发展程度要远超非洲其他地区。在欧洲殖民者侵占非洲之前，布干

[1] REID R J. A history of modern Uganda[M]. New York: Cambridge University Press, 2017: 5.

[2] 魏翠萍. 乌干达 [M]. 北京：社会科学文献出版社，2012：79.

[3] 摘编百科. 乌干达 [EB/OL].（2022-09-06）[2023-02-25]. https://www.zhaibian.com/baike/35075383921491899266.html.

[4] 魏翠萍. 乌干达 [M]. 北京：社会科学文献出版社，2012：92.

达王国就建立了良好的基础设施，形成了以王宫为中心、四通八达的交通道路网。布干达王国经济和社会的发展程度甚至让最早到达欧洲的探险者都大为惊讶。根据探险家、记者亨利·莫顿·斯坦利19世纪70年代的估计，当时布干达王国首都人口大约有4万人。

二、殖民统治与独立斗争时期（1894—1962年）

1894—1962年，英国的殖民统治与乌干达人的独立斗争并存。早在1862年，英国探险家、退役中尉约翰·汉宁·斯皮克便踏足乌干达，他沿着阿拉伯商队的路线从南部进入乌干达，然后沿着维多利亚湖西岸北进，到达了布干达王国。自1894年开始，这块非洲大地正式纳入英国的保护地，从此英国开始了对乌干达长达半个多世纪的殖民统治。[1]

1875年4月探险家斯坦利到达布干达，其目的是为纽约的《先驱报》和伦敦的《每日电讯报》作一次非洲的探险采访。他在布干达说服国王穆特萨一世接受了欧洲传教士，为此以国王的名义代笔写了一封邀请信。该信发表在1875年11月15日的伦敦《每日电讯报》上。信中表示，穆特萨一世愿意成为白人的朋友，并邀请他们来到布干达。事实上，穆特萨一世和英国各有所图。穆特萨一世想要得到欧洲人的枪支弹药，武装自己的军队，对付他的老对手——布尼奥罗王国。而当时的英国已经完成了工业革命，亟须对外扩张，抢占原料产地和商品市场。[2]于是非洲就成了欧洲殖民者亟待开发的"处女地"。

19世纪末，随着西方列强对非洲的瓜分，乌干达逐渐沦为英国的殖民地。1893年，英国与布干达姆旺加国王订立条约，由英国政府对布干达实

---

[1] 英厄姆. 现代乌干达的形成 [M]. 钟丘，译. 北京：商务印书馆，1973.

[2] 魏翠萍. 乌干达 [M]. 北京：社会科学文献出版社，2012：101.

行"保护"，布干达实际上已经沦为英国殖民地。1894 年 6 月 19 日，英国发表《伦敦公报》，单方面宣布布干达为"保护国"，同年 8 月 27 日，英国殖民者在布干达国王和酋长参加的会议上正式宣布"保护国"成立。

然而，布干达人民不甘心自己的王国沦为殖民地。19 世纪末布干达不断爆发武装起义，反抗英国殖民政府。姆旺加国王也不甘心做傀儡，于 1897 年 7 月 6 日逃离王宫，与追随者一起招募大批士兵，反抗英国殖民统治。同年 7 月 20 日，他被英国支持的布干达和苏丹的联合军队打败，被俘后拘禁在布科巴。1898 年年初，姆旺加成功逃脱，与自己此前的老对头布尼奥罗国王卡巴雷加会合，一起反抗英国殖民统治。经过多年游击战，姆旺加和卡巴雷加双双被俘，后被流放到塞舌尔群岛。

布干达王国于 1894 年沦为英国"保护国"后，英国将坎帕拉确定为首都，不断向外扩张。1896 年，布罗尼奥、托罗、安科莱和布索加相继被并入乌干达"保护国"。英国对乌干达侵略的战略有两个特点：一是以布干达为基地逐渐蚕食其他地区，二是利用巴干达人在各地推行其"间接统治"[1]。根据 1900 年英国和布干达王国签订的协议，布干达改为君主立宪制，由信奉基督教的酋长控制。英国与布尼奥罗王国的协定于 1935 年签订。订立协定之后，殖民政府保留布干达、托罗和安科莱王国的君主体制。1902 年颁布的"乌干达敕令"确定了"保护国"的体制，即英国委派专员代表英国女皇，掌管乌干达的行政权。

英国殖民主义在东非建立的"保护国"使乌干达成为一个统一的行政体，这为乌干达民族国家的形成奠定了基础。但是，英国在乌干达的殖民主义统治，尤其是间接统治和"分而治之"的殖民制度，阻碍了独立以后的乌干达民族国家的发展进程。[2] 乌干达人民反抗殖民主义的斗争从来没有停止过。1919 年，乌干达掀起了巴塔卡党和乌干达非洲农民联盟领导下的

---

[1] 魏翠萍. 乌干达 [M]. 北京：社会科学文献出版社，2012：110.

[2] 王涛，张勃. 殖民主义与乌干达民族国家的发展 [J]. 湖州职业技术学院学报，2008，6（4）：48-52，66.

民主运动。1921 年，乌干达第一个全国性政党乌干达国民大会党成立，提出了实行普选、建立自治政府、由非洲人控制经济等要求。1921—1928 年，乌干达人民为要求释放被放逐在英国的布干达国王穆特萨二世展开斗争。第二次世界大战后，乌干达人民对殖民统治的不满全面爆发。乌干达各阶层人民开始以罢工、平权运动、民族主义运动等形式寻求国家独立自主的道路。1945 年，布干达发生城市大罢工，标志着乌干达政治上新时代的开始。20 世纪 50 年代后期，乌干达逐渐形成三大政党：乌干达人民大会党、民主党和卡巴卡耶卡党。1961 年 3 月，乌干达举行首次大选，民主党获胜，贝内迪克托·基瓦努卡被任命为首席部长。1962 年 3 月，乌干达实行自治，基瓦努卡任政府总理。同年 4 月，乌干达再次举行大选，人民大会党和卡巴卡耶卡党组成的联盟获胜，成立了两党联合自治政府。

三、独立后时期（1962 年至今）

这一时期大致可分为独立初期、阿明执政时期、后阿明时期、穆塞韦尼执政时期四个阶段。

（一）独立初期（1962—1971 年）

1962 年 10 月 9 日，乌干达宣布独立，保留布干达等四个王国，建立联邦体制，仍留在英联邦内。1963 年 10 月，乌干达宣布取消英国驻乌干达总督。人民大会党和卡巴卡耶卡党组成联合政府，人民大会党主席米尔顿·奥博特任总理，卡巴卡耶卡党主席、布干达国王穆特萨二世任总统。1964 年两党联盟破裂，人民大会党实行一党执政，中央政府与布干达王国的矛盾日益激化。1966 年 5 月，中央政府攻占布干达王宫，穆特萨二世逃亡英国。1967 年 9 月乌干达宣布废除诸封建王国和国外的殖民统治，宣告成立乌干达共和国。奥博特先后发表了《平民宪章》（1969 年）、《纳基伍博公报》（1970 年），谴责封建主义，强调一个民族、一个政府。然而奥博特以武力推翻对手的做法也为自己的政府埋下了不稳定因素，并对乌干达日后的政治格局产生了不良影响。[1] 奥博特于 1967 年修改宪法，权力越发集中于总统手中。

（二）阿明执政时期（1971—1979 年）

1971—1979 年是阿明执政时期动荡的十年。1971 年 1 月 25 日，趁奥博特在新加坡出席会议之机，陆军司令伊迪·阿明发动政变，推翻奥博特政府。奥博特被迫流亡坦桑尼亚。在阿明统治的八年时间里，暴力横行、经济衰退、国际关系紧张、社会秩序混乱。据世界银行统计，阿明统治时期死于政府暴力屠杀的乌干达人高达 500 000 人。[2]1971—1986 年国内生产总值下降了 13%，1970—1979 年乌干达人均国民收入从 225 美元下降到 148 美元，负债对出口比率从 51.1% 上升到 142.2%。在这八年中，乌干达发生了多起起义和政变。1972 年奥博特的军队残余力量和其他流亡的部队军官在坦桑尼亚发起了一次进攻，尽管以失败告终，但极大地鼓舞了乌干达人民推翻阿明政府的信心。后来成为乌干达总统的约韦里·穆塞韦尼就是其中一个反阿明统治组织的领袖。1979 年 3 月，20 多个流亡国外的反阿明组织在坦桑尼亚的莫希开会，组成乌干达全国解放阵线和民族解放军。4 月 11 日乌干达民族解放军在坦桑尼亚军队支持下占领坎帕拉，阿明出逃。

---

[1] EDMONDS K. Crisis management: the lessons for Africa from Obote's second term[C]//HANSEN H B, TWADDLE M. Uganda now: between decay and development. Columbus: Ohio University Press, 1988.

[2] 资料来源于世界银行网站。

（三）后阿明时期（1979—1986 年）

1979—1980 年，短短一年多时间，乌干达先后经历了三任政府。1979 年 4 月 11 日，乌干达全国解放阵线临时政府宣布成立，该阵线主席卢莱任总统。卢莱当政 68 天，因权力之争被黜，成为乌干达历史上任职最短的总统。6 月 20 日，比奈萨继任总统。1980 年 5 月，乌干达全国解放阵线军事委员会解除比奈萨总统职务，组成以军委会主席保罗·穆万加为首的新内阁。同年 12 月举行大选，人民大会党获胜组阁，奥博特在被推翻 9 年后再次就任总统。参加竞选的爱国运动党主席约韦里·穆塞韦尼指责奥博特操纵选举，1981 年成立"全国抵抗运动"及其武装组织全国抵抗军，开展反政府的游击战。

在奥博特第二次执政期间，乌干达经济持续衰退。由于战乱，乌干达的基础设施和工厂受到极大破坏。据统计，1971 年注册成立的 930 家企业到八十年代初期，仅存 300 家，且仅有 5% 能正常生产经营。[1]1985 年 7 月 27 日，乌干达民族解放军北方旅旅长巴西利奥·奥拉拉·奥凯洛发动政变，推翻奥博特政权，组成军事委员会，由原乌干达军司令蒂托·奥凯洛任主席兼国家元首。1986 年 1 月全国抵抗军攻占首都，夺取了政权。同年 1 月 29 日穆塞韦尼就任总统。

（四）穆塞韦尼执政时期（1986 年以后）

穆塞韦尼于 1986 年夺取政权后，开始领导乌干达人民探索具有乌干达特色的国家发展之路，在乌干达现代历史上开启了一个新的时代。从 1986 年至今，穆塞维尼政府取得的成就主要体现在三个方面。

---

[1] LIVINGSTONE I. Developing industry in Uganda in the 1990s[C]//HANSEN H B, TWADDLE M. Uganda now: between decay and development. Columbus: Ohio University Press, 1988.

其一，在政治方面，穆塞维尼领导的新政府有效地化解了国内的矛盾冲突，注重推进法治建设和民主化进程，使得乌干达政局能够在相当长的一段时间内保持稳定。1995 年乌干达宪法规定乌干达为共和制，实行三权分立政体。1995 年 10 月 8 日正式颁布实施新宪法，2005 年 11 月修改。新宪法规定总统由直接选举产生，每届任期为 5 年，无总任期限制；议会有权弹劾总统和罢免不称职的部长，总统的重大任命、决定和签署重要条约均应先经议会批准；成立由部分内阁成员和议员组成的国务委员会，负责解决政府与议会之间的矛盾，出现政治危机时充当总统顾问，并代表议会批准总统的任命。2005 年，乌进入多党制国家行列。

其二，在经济方面，穆塞维尼政府经过不断摸索，接受世界银行和国际货币基金组织的结构调整方案，以私有化为重心，激发乌干达的民间经济活力，加之大量国际社会援助和外资引进，乌干达经济在短时间内实现了快速增长。穆塞维尼政府创造的相对稳定的国内和国际政治局面，有力地保障了乌干达经济的复苏。从 1990 年以来，乌干达的通货膨胀下降，经济保持了 6% 以上的增长势头，成为撒哈拉以南非洲国家中经济发展最快的国家之一。

其三，在社会保障方面，穆塞维尼政府注重发展社会福利事业，在文教卫生等方面均有重大改革举措，在普及小学义务教育、艾滋病防治等方面取得了可喜成绩。[1]

第二节 风土人情

乌干达是多部族国家，风土人情多样，但在饮食文化、着装喜好、建筑风格、习俗传统等方面也有很多共同之处。

---

[1] 卞克文. 穆塞维尼与乌干达的发展研究（1986—2006）[D]. 上海：上海师范大学，2011.

一、饮食文化

乌干达人的饮食多样，可以按照不同生态圈和部族来分类。乌干达盛产的粮食作物品种丰富，因此主食、肉类、蔬菜的品种较多。主食以饭蕉、小米、玉米等为主，肉类主要是鱼、牛羊肉等，蔬菜包括山芋、卷心菜等，水果有香蕉、菠萝、鳄梨等。乌嘎利是乌干达人的主食之一，一般用玉米面制作。具体做法很简单，把玉米面放入烧热的水中，边放边用木勺搅拌，直至玉米面糊干稠，然后继续用小火焖，同时还要不断搅拌，直至散发出玉米煮熟的香味。乌嘎利作为当地最重要的传统美食，不仅普通百姓每日食用，而且在星级饭店中也作为特色美食深受顾客欢迎。乌嘎利的食用方式很特别，用右手抓食，用大、中、食指从盆中抠出一小块，然后揉捏成小团，在自己的餐盘里沾上汤汁或者酱料，再取一些煮熟的蔬菜一同放入口中。[1]

乌干达素有"香蕉之国"美称，香蕉不仅是许多乌干达人赖以生存的食物，也是一种独特的文化标志。香蕉种类较多，主要分为水果香蕉和饭蕉两大类。饭蕉类似中国的芭蕉，形状细似大拇指，青绿色，需剥皮后蒸或煮熟吃，味道不甜，略酸；烹饪方法主要有蒸、煮、炸等。

马托基，即香蕉饭，是乌干达班图人最喜爱的传统食物，被称为乌干达的国菜。马托基的具体做法比较简单：饭蕉剥皮，煮熟，然后捣成泥状。常配以花生酱、红烧鸡块等配料一同食用。乌干达人还喜欢吃些小零食，比如烤"恩塞奈奈"（雨季时的绿蚱蜢）和烤白蚁。

香蕉不仅可以作为主食，还能酿酒。乌干达人主要用香蕉酿造两种不同类型的酒。一种是被称为乌干达国酒的瓦拉吉，由香蕉或者木薯酿制而成，酒精度数较高。这种酒色泽清澈明亮，味道醇厚芳香。用餐时，热情

---

[1] 奥蒂索. 乌干达的风俗与文化 [M]. 施雪飞，译. 北京：民主与建设出版社，2018：94.

的乌干达人总爱向客人推荐这种独特的瓦拉吉。乌干达的几大酿酒商均在酿制和销售不同类型的瓦拉吉。另一种是香蕉酿的啤酒蓬贝。在乌干达，餐后，主人会把客人请到一个大坛子旁边，递上一根近一米长的草管，坐而对饮。坛子里装的就是用香蕉酿制的啤酒。这种香蕉啤酒味道醇厚，有解暑健胃之功效。因此，天气炎热时，在草地上，或在树荫下，人们往往会围着坛子用草管啜饮，形成一道独特的风景。

随着社会的不断发展，乌干达人的饮食也呈现出国际化特点，尤其是城市人的饮食中也开始出现米饭、面包等食品。在首都坎帕拉能吃到来自世界各地的美食，比如法国菜、中国菜、印度菜、意大利菜等。

二、传统服饰

乌干达城镇居民服装以西式服装为主，但农村人依旧习惯穿传统服饰。在重要的文化场合，民族服饰是人们的统一着装。乌干达的传统服饰大多就地取材，用树皮、树叶、草和动物毛皮制成。

班图人的传统服饰比较复杂，女性通常身着长款的树皮布，从腋窝一直延伸到双脚，用腰带固定。男性服饰用料相似，但是以一侧肩膀处的绳结固定。最有特点的传统服饰是巴干达人的服装，男人着坎祖服，也就是长至脚部的白色束腰长袍。女性的传统服饰为戈梅西，或称布苏蒂，是一件长至脚踝、颜色鲜艳的长裙，上身是宽松的半长短袖，颜色鲜艳的裙腰带在腹前束成一个大大的蝴蝶结。裙子上还常常装饰动物角、兽皮、羽毛等。

树皮衣制造是居住在乌干达南部巴干达王国的巴干达人的一项古老工艺。在600多年的时间里，在世袭的首领卡波各兹的领导下，恩冈部落的手艺人为巴干达皇室和其他社会成员制造树皮衣。手工艺人在湿润的季节里采集木图巴树的内层树皮，然后使用不同类型的木槌敲打，经过漫长而艰辛的过程，使其纹理柔软舒适并呈现出均匀的陶土的颜色。手工艺人在一个开放式的工棚工作，以防止树皮干燥得太快。男女款式的树皮衣都像宽袍，女式树皮衣的腰间有装饰带。普通树皮衣的颜色是陶土色，国王和酋长的树皮衣会被染成白色或黑色，并以不同的穿着方式显示其地位。这种衣服主要在加冕礼和治疗仪式、葬礼和文化集会上穿着。

在巴干达王国乡村，几乎每个制造这一树皮产品的手工作坊都很兴隆。随着19世纪阿拉伯商队引入棉花贸易，树皮衣的生产开始变缓并几近消失，树皮衣似乎只剩下文化的内涵和精神的功能。尽管这样，在巴干达，树皮衣作为特有的政治和文化传统的象征，仍被高度认可。

乌干达西部的希马妇女常常穿宽大的棉布服装配上长至地面的披肩。北部的卡拉莫琼人则喜欢穿牛皮装，长者则佩戴羽毛、大铜卷项链和臂环。基加族男人也喜欢牛皮装，当他们作战或者跳舞时则用带子束紧皮披；妇女的裙子用多块皮子编制，一件皮外衣遮住隐私处。[1]身材矮小的俾格米人一般只穿一个围腰，前面搭一块树皮布，后面系一把树叶。俾格米人用芭蕉叶、棕榈叶当衣料，用象骨、甲虫、羚羊角、龟背壳等做项链、手镯等。妇女则喜欢在脸部绘上各种图形，以驱妖避邪。

坎噶（Khanga）是东非各国非常有特点的传统女性服饰，是一整块长方形的布，长1.5米，宽1.1米，四周有18厘米左右宽、带有花纹的边框，中间有图案，一侧有铭文。坎噶布有很多穿戴方法，妇女可以将布从胸部一直裹到腿部。妇女们喜欢坎噶，不仅因为它花纹漂亮，而且用途广泛，使用方便，适合于各种场合。

在日常生活中，乌干达女性通常身着连衣裙或者衬衫搭配裙子，较少穿长裤。老年女性常常会头上包裹围巾。男性普遍穿长裤或者短裤，搭配衬衫、T恤、夹克等。他们还偏爱一种被称为"坎帕拉外套"的绣花短袖衬

---

[1] 魏翠萍. 乌干达 [M]. 北京：社会科学文献出版社，2012：63.

衫，在正式和休闲场合都可以穿着。乌干达的穆斯林女性通常要戴面纱或者头巾，而男性则头戴特本头巾，身着长白袍。

乌干达各个部族都有特殊用途的服饰。比如舞者的服饰比较夸张，常配有草裙、珠串、贝壳、鲜艳的羽毛等装饰；萨满巫师、巫医和武士等也都有充满仪式感的特殊服饰。

三、传统民居

乌干达的传统建筑是茅草屋，比如著名的卡苏比王陵就是一座巨大的圆顶的茅草屋。这种茅草屋多为由抹灰篱笆墙和干草屋顶组成的圆形小屋。房屋的大小会因社会地位和需求而不同。大部分家庭的房屋仅有里外两间。里间为卧室，外间可以吃饭聊天，富裕一点的家庭则会有一个用作厨房的偏房。目前大部分农村的民居依旧是茅草屋，也有不少瓦楞铁顶的房子，墙的内层为芦苇或者木桩，外墙抹泥，面积一般比茅草屋大些。大部分农村家庭还没有通电，照明来自煤油灯，做饭主要以柴火为燃料。[1]

四、习俗与仪式

多样性的族群、宗教和传统造就了乌干达丰富多彩的文化，体现在多样化的地方和全国性的社会风俗与生活方式之中。与很多非洲国家一样，乌干达人的生活中也有很多仪式，形成了部族独特的祭奠、庆祝、祈福等活动。这些仪式带有鲜明的宗教色彩，并伴以独特的即兴舞蹈，构成了非

---

[1] 奥蒂索. 乌干达的风俗与文化 [M]. 施雪飞，译. 北京：民主与建设出版社，2018：88.

洲文化中最为重要的元素。乌干达重要的仪式主要有婚姻仪式、成年仪式、命名礼、葬礼、祈雨仪式等。[1] 仪式上常常伴有具有地方文化特色的音乐、舞蹈等活动。

（一）出生与命名礼

乌干达孩子出生是重要事件。一般来说，孩子出生时，长辈要为孩子举行起名仪式，族人载歌载舞庆祝孩子的诞生。干达人、安科莱人、基苏人、格维雷人、尼奥罗等很多乌干达部落都有特色鲜明的命名礼。比如安莱人在孩子出生后马上就为其命名，尼奥罗人则在孩子三四个月大时为其命名，而基苏人命名的过程自孩子出生起持续一整晚。乌干达孩子的名字可能是来自祖先的名字，也可能是来自父母对生活的感悟或者是孩子出生时的时间、地点等。

（二）成年仪式

成年仪式是乌干达传统文化中重要的组成部分，各个部族的方式各有不同。比如卡拉莫琼男孩以手刃猛兽来展现男子气概和标志长大成人，而更多部族则是通过割礼来完成从孩童到成年的转变。乌干达很多部族中还保留割礼习俗。只有经过割礼，男孩子才被视为成年男子，否则无论实际年龄多大都不能算成人。这种割礼习俗主要在布基苏人、巴吉苏人、巴孔乔人、巴安巴人、赛贝伊人等部族保留。布基苏男孩的成人仪式是乌干达最复杂的。布基苏人每隔两年为12—15岁的男孩进行割礼仪式。在仪式之前，人们会把一种叫作"伊提亚尼"的草绑在男孩脚趾上，或者放在路上

---

[1] 奥蒂索. 乌干达的风俗与文化 [M]. 施雪飞，译. 北京：民主与建设出版社，2018：135.

让男孩不经意间踩踏，布基苏人认为这种做法会引起男孩对割礼仪式的重视。割礼仪式上，著名的"因巴鲁"舞者会跳起"鲁尼耶戈"舞，舞者以脚踏声或者脚踝处的铃铛声打出节奏，渲染气氛。随着乌干达社会的进步，割礼等传统仪式也不断发生改变。

（三）婚礼

婚礼是乌干达最重要的仪式之一。乌干达的传统社会实行一夫多妻制。尽管随着基督教的传播，大部分人皈依基督教，采纳一夫一妻制，但一夫多妻制在乌干达依旧合法。随着越来越多的乌干达人信奉基督教和伊斯兰教，他们的婚礼仪式也开始按照宗教的方式来进行。[1]

（四）死亡与葬礼

乌干达人极度恐惧死亡，因此葬礼仪式上的大声悲鸣、招魂安魂就显得格外重要。乌干达人一般将死者安葬在生前居住的茅屋附近。乌干达人不相信死亡是一种自然过程，而认为是超自然的神灵所致，因此亲人死亡之后，首先要请巫医驱魔避灾。葬礼通常在人死后 5 天进行，之所以需要等 5 天，是因为人们相信尸体上还有生命存留，有可能会起死回生。葬礼之后还有通常为期 10 天的悼念期和最终的"驱赶死亡"仪式。"驱赶死亡"仪式是一场盛大的仪式，族群的所有长者都会被邀请参加。仪式包括吃喝、舞蹈等活动。在这个仪式上，如果死者是一家之主的话，还需要确立一位继任者。[2]

巴尼亚安科列人的葬礼仪式也很特别。他们认为死亡不是一个自然过程，而是由于神灵或者巫蛊作祟。当人死去之后，他们想要知道到底是谁

---

[1] 奥蒂索. 乌干达的风俗与文化 [M]. 施雪飞，译. 北京：民主与建设出版社，2018：135.

[2] 资料来源于乌干达旅行指南网。

带走了他们的亲人，因此他们会带尸体去见巫医，问询答案。老人死亡则是例外，因为他们认为人上了年纪而去世是一种自然现象。在葬礼上，巴尼亚安科列人要等所有重要的家庭成员都到齐了才能开始进行仪式。对于那些缺席葬礼的人，人们有理由怀疑他们和亲人的死亡有关。在葬礼上，尸体通常面朝东放在地上。至于尸体是左面还是右面着地和性别有关。男人的尸体通常右面身体着地，右手放在头下，左手放在胸口。为了能和丈夫面对面，女人的尸体则按照相反方向放置。整个葬礼仪式持续 4 天。期间要宰杀至少一头牛，招待所有参加葬礼的人，还要提供酒水。所以参加葬礼的人都要睡在死者家里。在此期间任何人不能去从事体力劳动。

（五）祈雨仪式

乌干达是农业国，丰沛的降雨是农作物生长的关键，因此祈雨仪式就成为传统乌干达社会最重要的仪式之一。传统乌干达部族认为干旱是祖先或者神祇因为祭品不足等原因而发怒，惩罚凡人。祈雨仪式往往贯穿一整年，在雨季之前就开始，而雨水丰沛后还要再次举行仪式，感谢上天的馈赠。

乌干达各个部族均有独特的祈雨仪式，其中卡拉莫琼人的祈雨仪式比较有代表性。如果发生严重干旱，部族的长老会作为代表邀请巫医带领全族举行祈雨仪式。在定下祈雨日子之前，巫医会要求部族提供一头黑色的公牛。在祈雨当天，部族长老齐聚指定地点，面向自己的族人，围绕着公牛坐定，中间点燃篝火。接着屠夫用长矛杀死公牛，用篝火把牛肉烤熟。此时巫医登场，在场地中央站定，背对长者，吟诵祈雨咒语，挥舞长矛插入泥土之中。巫医的仪式结束之后，宴会开始，族人们食用烤熟的牛肉，整个祈雨仪式结束。

五、节假日

乌干达法定节假日中有些和宗教相关，有些和国家独立、内战期间发生的重要事件相关。乌干达主要节假日见表 2.1。

表 2.1 乌干达主要节假日

时间	名称	简介
1 月 1 日	新年	新年是公历一年的开始，也是乌干达的公共假日
1 月 26 日	解放日	解放日是纪念 1986 年 1 月 26 日穆塞维尼领导的全国抵抗军夺取政权，庆祝乌干达获得解放的日子
3 月 8 日	妇女节	妇女节是为庆祝妇女在经济、政治和社会等领域做出的重要贡献和取得的巨大成就而设立的节日
4 月 7 日	耶稣受难日	许多基督徒在复活节前的星期五庆祝耶稣受难日
5 月 1 日	劳动节	与世界上大多数国家的劳动节相同
6 月 3 日	殉教者日	纪念 1886 年 6 月 3 日被杀害的 26 名基督教皈依者
6 月 9 日	全国英雄日	纪念"全国抵抗运动"的战士
10 月 9 日	独立日	纪念国家于 1962 年获得独立的节日
12 月 25 日	圣诞节	基督教徒庆祝耶稣诞生
12 月 26 日	礼节日	是圣诞节后第一天，人们和亲朋好友共同庆祝的日子

乌干达政府和大多数企业实行 5 天工作制，周六、日公休，部分部门周六上午也开门办公。

第三节 文学概况与文化名人

文化是国家、民族和社会的反映，它深深熔铸在一个国家的历史和实践之中。乌干达的文学与文化从不同角度反映了其历史及社会面貌，是了解该国历史的一扇窗户。

一、乌干达文学

乌干达文学作品涉及该国官方语言英语、斯瓦希里语，通用卢干达语，以及卢奥语、阿乔利语、兰戈语等民族地方语言。

从文学发展历史来看，乌干达文学主要经历了口头文学、早期书面文学、现当代文学三个发展阶段。乌干达的英语文学起步于 20 世纪 50 年代，代表作家有诗人奥科特·普比泰克。他的长诗《拉维诺之歌》被誉为乌干达英语文学的开创性作品，该作品先用阿乔利语写成，后由诗人自译为英语，并于 1966 年出版。其创作风格自成一派，被称为奥科特派或东非歌派。剧作家塞鲁马加也是这一时期的代表作家。20 世纪 90 年代，乌干达女性作家协会创立，涌现了戈雷蒂·克约穆亨多等大批用英语创作的女性作家。乌干达现当代文学代表作家有小说家奥凯洛·奥古力、著名女性作家玛丽·卡鲁罗·奥库鲁特以及加拿大乌干达裔作家伊尔德·曼吉等。

（一）口头文学

口头文学是非洲文化的核心特点，乌干达也是如此。千百年来，乌干达各族人民用口头方式传承着各族传统文化精髓。[1] 乌干达早期文学以口头文学的形式出现，那时产生了语言，但尚未形成文字，各个部族的人们凭借记忆，将原初文学口口相传地保存下来。这些口头文学的内容很丰富，包括祖先创世的神话传说、各族头领与勇士们的传奇事迹、布干达等王国的历史、寓言故事、民间故事等，其间还穿插着谜语和谚语，有着浓郁的地方色彩。人们通过口头文学传递尊老爱幼、福祸共享、互助友爱等能凝聚族人力量的传统道德。在很大程度上，口头文学维系着传统社会的伦理秩序和社会稳定。[2] 乌干达文化中丰富的说唱仪式、舞蹈等艺术形式也和口头文学有着密切关系，并形成了非洲各个部族独特的"表演文学"[3]。乌干达口头文学的形式主要有诗歌、谚语、民间传说、神话、谜语、舞台剧等。尽管书面交流在现代乌干达社会中已经很普遍，但是口头文学在乌干达社会中依旧占据十分重要的地位。

（二）早期书面文学

乌干达的书面文学出现较晚，1896 年卢干达语《圣经》的问世标志着该国书面文学的萌芽。书面文学的产生和文字有密切关系。乌干达文字的产生可追溯到 19 世纪 50 年代英国、法国、德国等西方国家的入侵和殖民时期。为方便交流，殖民者把当地语言用拉丁字母写成文字，卢干达语纸质版《圣经》问世之后不久，本土作家以当地的历史和习俗为题材，创作出乌干达的第一批书面文学。[4] 可见，非洲现代文学从诞生之日起就是殖民的产物，同时也必然是反殖民的产物，此种双重特点决定了非洲文学创作

---

[1] 魏翠萍. 乌干达 [M]. 北京：社会科学文献出版社，2012：427.

[2] 武子惠，黄晖. 乌干达文学源流考论 [J]. 景德镇学院学报，2022（1）：1-6.

[3] FINNEGAN R. The how of literature[J]. Oral tradition, 2005, 20(2): 164-187.

[4] 武子惠，黄晖. 乌干达文学源流考论 [J]. 景德镇学院学报，2022（1）：1-2.

的方向和特点。[1] 随后不少乌干达的口头文学用文字记录下来，这一阶段乌干达的代表作家是阿波罗·卡格瓦，也是布干达王国的首领。他是一位颇为高产的作家。他的第一部作品是根据本族与邻族的历史和习俗创作的卢干达文版的《布干达国王》（1901 年）。这部作品成为了解布干达王国历史的重要读物，1971 年该书被译为英文。此外他还创作了《巴干达民间故事》（1902 年）、《蚂蚱氏族手册》（1904 年）、《巴干达人的习俗》（1905 年）等作品。该时期乌干达的其他著名作家还有卡格瓦的秘书汉姆·穆卡萨、布干达国王道迪·契瓦二世和威廉·基贡戈等。这些作家的作品大多为传记、历史故事等。

（三）现当代文学

1948 年，东非文学局成立，并创办斯瓦希里语和卢干达语双语杂志。该局每年也出版英语和乌干达地方语言的书籍，其目的主要是为了扫盲和宣传。现存的本土语言文学数量不多。如以卢干达语写成，由迈克尔·巴兹·卡恩辛比编写的儿童读物《听话的仆人》（1953 年）、爱德华·卡维雷的长篇小说《他们买下一个穷汉》（1954 年）、鲁巴姆拉布的诗歌《若干支歌》（1958 年）等。

乌干达现当代文学经历了三个发展阶段，逐渐走向成熟，并产生了一定的国际影响。这三个阶段和乌干达的政治格局的变化有着密切的联系。第一个阶段是 1962 年国家独立至 1971 年阿明政变之前。这一时期乌干达政局相对稳定，思想较为自由，因此涌现出一批优秀的作家，英语写作出现且势头渐强。第二阶段是 1971 年至 1986 年。在此期间阿明政变使乌干达政局动荡，大批作家被迫流亡海外，国内作家则创作了一些反映政治动荡主题的

---

[1] 蒋晖. 从"民族问题"到"后民族问题"——对西方非洲文学研究两个"时代"的分析与批评 [J]. 文艺理论与批评，2019（6）：118-157.

文学作品，英语文学占主导的同时，非洲口语文学被重新提及。第三阶段是从 1986 年穆塞维尼执政至今。这时乌干达国内政局稳定，创作群体扩大，创作主题丰富，女性开始参与创作，文学呈现多样化发展的态势。[1]20 世纪 50 年代末，英语文学成为乌干达文学创作的主流。60 年代中期，英语文学创作才真正发展起来，乌干达迎来了文学创作的春天，一批作家脱颖而出。他们的作品主要围绕三大主题：（1）强调非洲传统价值，抨击西方教育、文化及其制度；（2）揭示 60 年代后期政府对布干达地区实施暴力和高压统治，以及干达人恐怖、艰辛的生活；（3）有关道德观、人生观的反思。[2]

二、文化名人

乌干达有很多著名作家，其写作风格自成一派，他们的作品为世界文学和非洲文化做出了重要贡献，深刻影响了乌干达乃至整个非洲的社会文化风貌。

（一）奥科特·普比泰克

奥科特·普比泰克（1931—1982）是用乌干达本土语言（卢奥语）创作的著名诗人、人类学家和剧作家。他创作了《白牙》《拉维诺之歌》《奥乔之歌》等影响深远的文学作品。这些诗歌生动地呈现了西方文化和非洲文化之间的冲突造成的割裂、对抗意象。普比泰克的作品对后来非洲青年们的文学创作产生了深远影响，很多作家争相模仿《拉维诺之歌》的写作风格，采用叙事与独白结合，散文与韵文杂糅的松散文学形式。[3]《拉维诺之

---

[1] 武子惠，黄晖. 乌干达文学源流考论 [J]. 景德镇学院学报，2022（1）：1-6.

[2] 魏翠萍. 乌干达 [M]. 北京：社会科学文献出版社，2012：430.

[3] 武子惠，黄晖. 乌干达文学源流考论 [J]. 景德镇学院学报，2022（1）：1-6.

歌》是普比泰克的代表作，被认为是撒哈拉以南非洲阅读最广的文学作品。这部作品探索了后殖民非洲面临的严峻问题，质疑了非洲人放弃非洲传统价值、宗教和习俗，一味推崇西方价值观和生活方式等问题。这部诗作是以主人公拉维诺和她的丈夫奥乔之间对话形式展开的。拉维诺热爱本族文化，而她的丈夫却追求西方生活方式，两人由此产生了各种矛盾和冲突。

除了诗歌作品，普比泰克还撰写了关于非洲宗教、社会等方面的作品。普比泰克是最早唤起人们关注非洲宗教的非洲学者之一。《非洲宗教去殖民化：西方学界的非洲宗教简史》一书是其中的代表作品。在该书中，普比泰克回溯了从古典时期到 20 世纪 70 年代以来，西方学者所做的非洲宗教研究，并得出了两个有价值的结论。其一，尽管不同的社会人类学流派对方法问题苦苦争论，但他们都把世界人口分为两类：一类是他们自己，文明人；另一类是其他人，野蛮人。其二，西方学者从未真正对非洲宗教本身感兴趣。[1]

普比泰克不仅是作家和学者，他还是一位多面手。他热心于乌干达政治改革，同时也是一位颇有天赋的歌手、舞者、鼓手和运动员。1966—1968年，他出任乌干达国家戏剧和文化中心主任。

（二）摩西·伊塞家瓦

摩西·伊塞家瓦（1963—）出生于乌干达首都坎帕拉一个中产阶级天主教家庭。他从小受到良好的学校教育，毕业于麦克雷雷大学，后从事历史教师工作，直至 1990 年移居荷兰。他的处女作小说《阿比西尼亚编年史》一经问世就在非洲和国际社会引起不小反响，被认为是对当代非洲文学的巨大贡献，被《今日世界文学》评选为 1984—2004 年十佳图书，并被津巴

---

[1] P'BITEK O. Decolonizing African religion: a short history of African religions in Western scholarship[M]. New York: Diasporic Africa Press, 2011: 1.

布韦国家图书展列入"20 世纪最伟大的非洲百部小说"[1]。这部小说最早在阿姆斯特丹出版，销量达十几万册，为作者赢得了良好的声誉。2001 年，小说相继在英国和美国出版。

《阿比西尼亚编年史》通过主人公穆泽兹之口，讲述了阿明统治时期，归国留学生的一系列升迁、失宠和遭到迫害的经历。小说巧妙地把个人的"小故事"与乌干达在后殖民时期国家政治变迁的"大故事"融合起来。小说以 20 世纪 70 年代的阿明统治时期为背景，将独裁前后的民主体制进行对比，揭露了独裁统治下畸形的国家体制。[2] 小说将独裁的国家领导比作专横残酷的父母并详细记录下家族的灭绝，既复刻了被驱逐到印度和西方犹太社区里的非洲流亡者的生活经历，也展现了饱受战争蹂躏和艾滋病侵袭的乌干达人民的悲惨生活。[3] 小说把独裁统治下的乌干达描写成是"一块错误的盛有残渣的土地，在这里在每一个无底洞下面都有另一个等着去诱捕人民进入的罗网"[4]。1999 年，摩西·伊塞家瓦出版了第二部小说《蛇穴》，更是直指阿明的独裁统治，揭露独裁政府的贪腐和邪恶。摩西–伊塞家瓦后来成为荷兰公民，但他于 2006 年返回祖国乌干达生活。

（三）戈雷蒂·克约穆亨多

戈雷蒂·克约穆亨多被称为乌干达和非洲文学的"力量"。她于 1965 年出生在乌干达西部的霍伊马（Hoima），她在那里上完中学，此后以高分考入纳卡瓦国家商学院，主修市场营销。纳卡瓦国家商学院是现在麦克雷雷大学的一部分。克约穆亨多从小就对文学创作表现出浓厚的兴趣，是乌干

---

[1] CESARE N. Rites of triangulation in Moses Isegawa's Abyssinian Chronicles[J]. Research in African literatures, Fall 2016, 47(3): 144-158.

[2] BARASA R S. (Re)Imagining Uganda postcolony in Moses Isegawa's Abyssinian Chronicles[J]. Journal of English language and literature, 2017, 8(1): 565-570.

[3] 武子惠，黄晖. 乌干达文学源流考论 [J]. 景德镇学院学报，2022（1）：1-6.

[4] ISEGAWA M. Abyssinian chronicles[M]. New York: Random House, 2001.

达第一位女作家。发表第一部小说之后，她成为第一位参加爱荷华大学国家创作项目的乌干达女作家。2004—2005 年，克约穆亨多在南非夸祖鲁·纳塔尔大学参加创意写作硕士项目。她曾入选《新非洲》杂志评审的"100 位最有影响的非洲人"，并曾出任被认为是非洲布克奖的非洲创作最高奖项 AKO Caine 写作奖的评审委员会主席。1996 年，她出版第一部小说《第一个女儿》，1999 年出版《不再有秘密》，该书同年获得乌干达国家文学奖最佳小说奖。2002 年出版中篇小说《维拉的悄悄话》，2007 年出版第三部长篇小说《等待》。2014 年她出版《非洲作家基础指南》。此外她还创作了儿童读物《不同的世界》(1998 年)及其他短篇小说。如今，克约穆亨多成为国际公认的非洲著名小说家，非洲作家协会创建人之一，现任非洲作家协会负责人。

克约穆亨多的获奖小说《不再有秘密》被认为是一部后殖民非洲语境中的成长小说。该小说的故事发生在动荡时期的乌干达和卢旺达。小说以倒叙的方式讲述了比齐马纳一家人的经历。

克约穆亨多的小说《等待》产生了较大的国际影响力。小说的副标题"一部关于乌干达战争的小说"清楚地表明这部小说是以乌干达战争冲突为历史背景的。故事发生在 20 世纪 70 年代，乌干达独裁者阿明执政时期。小说主人公 13 岁女孩安琳达一家在一个偏僻山村过着平静的生活，但这种平静被自称"苏格兰最后的国王"的阿明的部队打破，此时安琳达怀孕的妈妈就要生产。阿明部队在村庄中疯狂抢掠屠杀，很多无辜百姓死于混战之中。孩子活下来了，但安琳达的妈妈却没能幸免于难。安琳达承担起为大家做饭并照顾婴儿的重任。哥哥坦恩多离开避难所，参加了联军。小说的情节并不复杂，但克约穆亨多用高超的艺术手法刻画了在战乱中苦苦挣扎的乌干达贫民的群像和他们痛苦的心路历程。在小说结尾处，被战争打乱的家庭结构实现了重组——安琳达承担了母亲的角色，杜伦族女人与柯博叔叔结为一家，而来自坦桑尼亚的士兵巴哈提留下来成为家庭中的一员，弥补了哥哥坦恩多的空缺。战后的安琳达一家，虽然依旧困难重重，但等待他们的已是崭新的生活。

克约穆亨多不仅是一位优秀的作家，也是一位卓越的文学社会活动家。1996 年，她和其他几位女作家创办了乌干达女性作家协会 FEMRITE，而她成为 FEMRITE 的首位主席，任期从 2007 至 2017 年，时间长达 10 年之久。FEMRITE 诞生于乌干达宽松的政治氛围和女性运动崛起的背景下，其目的是为非洲女性作家发表文学作品提供支持。FEMRITE 很快就吸引了大批有文学梦想和才华的乌干达女作家。1998 年，几位发起人又成立了 FEMRITE 出版有限公司。[1] 对于这个机构，克约穆亨说，这不仅是一项工作，也是她的行动，是她为那些需要帮助的年轻女作家提供的一种帮助。2008 年她移居伦敦，并在那里创立了一个非营利实体"非洲作家信托"，为非洲大陆和流散的非洲作家提供支持。[2]

（四）穆莱库瓦

查理斯·穆莱库瓦（1966—）是乌干达当代著名剧作家，创作有 10 余部作品，以关注乌干达社会现实著称。在他的戏剧中，乌干达的社会冲突、内战、艾滋病、性别歧视、猥亵儿童等社会问题得到充分反映和无情批判。他的代表剧作《女人本色》（1990 年）、《完全不针对你》（1995 年）分别获得乌干达国家剧本奖和英国广播公司非洲表演奖。《女人本色》以母亲试图包办儿子的婚姻为线索，批判了父母对子女的控制。该剧还涉及女性的复杂人格，既有母性的温柔，也有自私的一面。《完全不针对你》批判的是乌干达文化中的彩礼陋习。1999 年他创作了剧本《火的时代》和《你我之间》。除了剧本创作，穆莱库瓦还担任多个剧团的指导，是坎帕拉业余戏剧协会

[1] KYOMUHENDO G. FEMRITE and the politics of literature in Uganda[J]. Feminist Africa, 2003(2): 66-72.

[2] KYOMUHENDO G. Writing was always my first love[N]. The Daily Monitor, 2021-06-06.

和乌干达国家戏剧协会的执委。穆莱库瓦不仅是戏剧创作家，也是戏剧研究者。他的博士论文《在乌干达表演战争遗产》就是对乌干达戏剧中的战争问题的全面梳理，其中涉及乌干达的国家形象、人权、儿童和战争等深刻的社会问题。目前他在麦克雷雷大学表演艺术和电影系任教。

第三章 教育历史

第一节 历史沿革

乌干达现行的教育体制结构是从 20 世纪 60 年代初开始实行，但其教育历史可追溯到 19 世纪的早期本土教育。本节主要介绍乌干达教育发展的几个阶段。

一、殖民前时期的教育

（一）本土教育

尽管殖民前时期的乌干达没有正规的教育体系，但对儿童教育却十分重视。19 世纪八九十年代，教会尚未将西方教育引入乌干达之前，乌干达已存在系统的本土教育。传统本土教育以部族为基本单位，通过多种形式教授部族文化、历史、地理等。从孩子出生开始，部落和家庭中的长辈主要以口口相传和言传身教等方式给孩子们讲述代代相传的家族史、部落的英雄事迹、传说、神话、寓言故事、文化禁忌等，让孩子们明事理，长见识。男孩在接受成人仪式之后，直接接受长老和族长的教育和领导，可以参加氏族部落的内部讨论，参与日常管理和决策，并承担相应责任和义务。女孩子在接受成年仪式之后，由祖母、母亲教育，学习如何做饭、种植、采摘、操持家务等。通过这种言传身教的本土教育方式，乌干达人不仅学会了部落精神传承、文化习俗，而且学会了生活经验、生存技巧，确保了族群的延续。这些教育内容形成了部族文化价值观、道理伦理等具有共同价值体系的文化基因。

非洲本土教育中蕴含的本土文化基因、本土知识、本土技能等对非洲国家的发展具有不可低估的重要作用。当然，非洲本土教育也有其局限性。比如，传统非洲文化中的书面文字在表达距离、容量、大小等方面不够精确，而口头传承也不利于文化知识的留存、传播，其影响力和影响范围十分有限。

（二）教会教育

西方殖民者进入乌干达后，英国的基督教教会和天主教教会先后于1877年和1879年到达布干达，[1] 其中包括对乌干达教会学校起到重要作用的英国圣公会传教会、白人神父传教会、磨坊山教会和克姆鲍尼传教会等。出于传教的目的，传教士用拉丁字母将当地语言拼写成书面语言，传授给乌干达孩子们，并让他们阅读《圣经》。19世纪80年代，两个教会在布干达建立起学校，将此前的"丛林学校"转化为正规学校，初步形成了乌干达初等教育。教会能决定课程设置、办学目标、学校所有权和具体运作模式，因此教会学校均有较强的宗教传统。

教会办学主要有以下特点。（1）建立寄宿学校。之所以以寄宿学校为主要模式，是因为寄宿学校模式是欧洲传统的学校模式，传教士们认为寄宿

---

[1] 魏翠萍. 乌干达 [M]. 北京：社会科学文献出版社，2012：401.

制学校更有利于对学生施加宗教影响，还能免于接送居住较远的学生的麻烦。（2）早期的寄宿学校主要招收出身显赫的学生，如酋长、王室和有声望的家族的子弟。比如，卡巴卡家族的很多孩子们就在拿米利安戈寄宿学校接受教育。为培养未来领袖设计的课程多以学术性英文课程为主，包括大量英语名著阅读、英语语法、地理、数学等课程。当时由英国圣公会教会开办的门戈高中主要招收酋长的孩子。为了减少成本，也为了提高家长的参与度，该校采取了英国联邦学校的一个传统特色——分院制模式。孩子的家长负责建造房子，负责学生们在校的日常生活管理。（3）教会学校主要集中在布干达，其他地区则办学较晚，教育发展不均衡。（4）教会重视教师培训。教会学校开办工作坊，开展教师培训，为教师们讲授教学方法等课程，以期达到更好的教学效果和管理效果。

乌干达政府一直十分重视教会学校。1997 年乌干达政府在《乌干达主教会议教育政策》中强调，乌干达的正规学校教育起源于教会为消除社会中的无知而做的努力。教会建立的学校后来成为教会资助的乌干达小学的基础。

二、殖民时期的教育

20 世纪初，随着殖民经济的发展，殖民政府急需大批各类技术人员和管理人员协助管理，以便及时有效地掠夺当地资源。[1] 英国圣公会在卡拉贝加建立了一所学校提供技术教育，以解决燃眉之急。1922 年英国政府在坎帕拉创办麦克雷雷技术学院，也就是乌干达当下最好的大学麦克雷雷大学的前身。该大学是东非地区第一所高等学校，学生不仅来自乌干达，还有

---

[1] 魏翠萍. 乌干达 [M]. 北京：社会科学文献出版社，2012：403.

肯尼亚等国家和地区。当时的办学目的主要是培养殖民政府所需要的工作人员和各类技术人才。

20世纪初，美国资助的菲尔普斯-斯托克基金会对在非洲地区开展教育研究很有兴趣，当时乌干达教育尚未形成清晰政策，而基金会为英国殖民政府提供了一个在乌干达涉足正规教育的机会和制定教育规划的基础。因此，殖民政府支持菲尔普斯-斯托克基金会设立专项资金，成立专门委员会，研究并推荐适合非洲的教育类型。

1924年，在菲尔普斯-斯托克基金会访问并调研乌干达时，乌干达有6种不同类型的学校。（1）次年级，相当于小学2年级。教育质量参差不齐，教师大多没有资质，教学目的主要是让学生们在接受洗礼之前能识字。（2）护理学校，主要培养助产士。（3）中心学校，相当于小学4年级，主要提供启蒙教育。（4）中学，相当于7年级。学校都采用英语教学，为学生们进入大学做准备。（5）教师学校，主要为中学培养师资。（6）学院，主要采用英语教学，主要培养商人、职员、翻译等。菲尔普斯-斯托克基金会的调研表明，乌干达的教会学校过于偏重文学艺术教育，学校的教育活动和普通人需要的生存技能关系不大，比如课程中没有农业教育、公共卫生教育等。菲尔普斯-斯托克基金会的报告中所揭示的非洲教育存在的问题为殖民政府接管乌干达的教育体系做了铺垫。

1924年殖民政府为非洲人创办了第一所公立中学，1925年殖民政府成立教育局，负责协调当地的教育事务。政府制定了既兼顾教育普遍发展又重点突出技术教育的教育方针。1927年，殖民政府制定了新的教育方针，教育部部长有权力重构教育体系。经过这次教育体系重构，乌干达的职业技术教育形成了四种主要方式：（1）通过小学讲授乡村手艺；（2）通过师徒形式的作坊，以师傅带徒弟方式传授技艺；（3）以生产产品为目的的工作坊培训；（4）建立技术学校，传授知识和技能。[1]

---

[1] SSEKAMWA J C. History and development of education in Uganda[M]. Kampala: Fountain Publishers, 1997: 118.

　　第一次世界大战至第二次世界大战期间，殖民政府开办或者支持开办的学校不断增加。随着学校数量的增加，殖民政府对乌干达教育的规划和走向越来越关注。1951年安德鲁·柯亨被任命为乌干达"保护国"的总督，同时英国政府还建立了两个教育委员会：一个委员会是指导西非教育的杰弗里斯教育委员会，另一个是指导东非和中非教育的宾斯研究组。当时英国政府认为有必要提升非洲的教育质量和数量。1951年，宾斯研究组审查了乌干达的教育体系，并指出要想提高乌干达的教育质量和学校数量，英国殖民政府在乌干达教育体系上应做出重大改变。宾斯研究组离开后，安德鲁·柯亨于1952年委派时任麦克雷雷学院院长的教育学专家伯纳德·本生成立本生教育委员会，该委员会的职责就是基于宾斯研究组的报告，审视乌干达的教育体系，并就乌干达未来教育的组织和发展提供详尽建议。该委员会的考察不包括具体的技术教育，因为此前乌干达政府已经宣布了一项发展技术教育和培训的计划。另外高等教育也不是该委员会的考察重点。该委员会调研了乌干达教师教育和整体教育体系，并发布了一份《乌干达的非洲教育》的报告。该报告的主要内容包括两个方面。（1）发展教师教育。报告指出，教师教育是教育发展的基础，应全方位提高教师发展的条件和水平。报告还提出了发展教师教育的一些具体措施，包括：扩大中等教育，以便为中小学教育、教师培训、职业教育提供师资等。（2）完善教育结构。报告提出，应该建构新的教育结构，具体包括：小学教育应该持续6年，并有结业考试；初中教育2年，初中阶段学校分为学术型和实践型；中等教育课程O级持续4年；初等教育课程A级持续2年；建立麦克雷雷学院和其他海外大学；2年制教师培训学院招生范围为小学6年级到初中2年级学生；建立一所3年制政府教师培训学院，招收初中4年级学生。该学院首先在姆巴拉拉成立，后转到基扬博戈。2年制教师培训学校毕业生在小学任教。3年制教师培训学校毕业生在初中教书；成立技术学院招收初中二年级学生；坎帕拉技术学院招收各个技术学院学生。

本生教育委员会报告强调教育非洲化，为国家的经济发展培训更高层次的人才。该报告的各种建议塑形了乌干达独立之前的非洲教育，引领了20世纪50年代非洲教育的发展方向，对乌干达教育发展具有重要意义。

1957年，殖民政府宣称其教育改革的目的是在乌干达实现教育融合。在此之前，学校多以种族划分，非洲人、亚洲人、欧洲人有自己的学校。在这一背景之下，一些教会学校开始接纳多种族学生，但以种族划分学校的情况依旧存在。1960年，为非洲学生开办的高中有19所，亚洲人为自己的子女开办的高中有6所。1962年亚洲人和欧洲人为自己的子女开办的中小学共有141所，学生有24 432人。1957年的教育融合改革还是有明显成效的。

三、独立后的教育

自1962年独立以来，乌干达致力于健全其教育系统，并且很快成为撒哈拉以南非洲地区教育水平较高的国家之一。尽管乌干达是非洲第一个普及中学教育的国家，但受国内连续动乱和经济水平下降等因素的影响，乌干达基础教育质量较差，全国文盲率很高。[1]独立后的最初10年，乌干达政府致力于建立全国统一的教育体系，旨在通过教育促进民族融合和发展。为了实现这一目标，1964年，政府颁布了《教育法》，并接管了教会学校等接受政府补贴的学校，实行大部分教师非洲化。

独立后，经过10年的努力，政府对分种族学校改革基本完成，非洲学生可以自由选择学校上学。在教师选择上，尽可能聘请乌干达本地教

---

[1] 戈君宇. 非洲成人扫盲培训成效分析——以乌干达成人功能性读写能力培训项目为例[J]. 世界教育信息，2013（4）：37-41，47.

师，从根本上改变师资过于依赖西方国家的状况。1970 年，政府修改了《教育法》，不仅在行政上直接管理教育，而且由教育与体育部统筹教育经费。

20 世纪 60 年代，政府优先发展中等教育，以满足国家建设亟须人才的状况。阿明执政初期，政府仍然强调发展中等教育。1975 年，政府开始实施教学本土化政策，大部分学校采用本土出版的教材；教学中除了使用英语，还使用斯瓦希里语和卢干达语。20 世纪 70 年代末，乌干达政治动荡，内乱不断，经济凋敝，教育事业受到了严重影响。大批知识分子和教师流亡海外。在极端困难的情况下，重视教育的乌干达人苦苦支撑，入学率和教育支出仍有所增长。1979 年有小学 4 294 所，在校生 120 万人，其中，在校中学生 66 730 人，职业学校学生 320 人，技校、师范学校和商业学校的在校学生约 14 000 人。[1] 但显然动荡的政治时局和衰败的经济严重影响了乌干达教育的发展。与很多 20 世纪 60 年代独立的撒哈拉以南的非洲国家相比，乌干达的教育发展滞后。随着 20 世纪 70 年代阿明独裁政府被推翻，乌干达的教育逐渐跟上非洲其他国家步伐，到 1985 年，入学率上升到 73%。[2]

1986 年内战结束，穆塞维尼政府执政，乌干达开始逐步开启现代化进程，并优先恢复教育事业。1986 年政府成立教育政策考察委员会，评价现行教育体制，制定改进措施以提高教育质量，增加学校数量，并努力使教育更加切合实际，实现"全体人民的教育"[3]。1988 年，全国有小学 7 905 所，学生 241.7 万人；中学 770 所，学生 24.3 万人。1992 年，小学增加到 8 325 所，学生约 240.4 万人，入学率为 64%。[4] 这一入学率相比于 10 年前下降了十个百分点，但此后却持续上涨，到 1997 年就上涨为 118%，乌干达教育实现了

---

[1] 资料来源于教育免费百科全书搜索引擎。

[2] APPLETON S. What can we expect from universal primary education[M]// REINIKKA R, COLLIER P. Uganda's recovery: the role of farms, firms and government. Washington: World Bank Publications, 2001: 395.

[3] 姆潘加. 乌干达初等教育体制的发展[J]. 涂勇，译. 全球教育展望，1992（1）：80-81.

[4] 资料来源于世界银行网站。

飞跃式发展。

1997 年，乌干达政府发布普及初等教育计划。普及初等教育计划与 1992 年政府发布的《政府教育白皮书》配套实施。乌干达是 20 世纪 90 年代最早实施普及初等教育的非洲国家之一。这是乌干达政府减贫和人类发展的一项重要计划。其主要目的是提供教育设施和教育资源，确保每一名适龄孩子都能入学，并完成义务教育阶段的学习；实现教育公平，消除贫富差异和不平等，确保绝大多数乌干达人都能接受教育，通过传授人们基本技能来消减贫困。普及初等教育计划极大提升了入学率。这一政策起初规定每个家庭中有四个孩子（两个男孩和两个女孩）可以接受免费小学教育，2003 年这一政策扩大到所有适龄儿童都可以享受免费的小学教育。为确保各级政府能够落实这一政策，政府推行全民参与政策，各个学校由教育与体育部、地方政府代表选举产生学校管理委员会，监督管理学校。

1997 年开始，除普及初等教育计划，乌干达政府还推广了一系列有效措施来推进教育发展。（1）1997 年政府颁发《地方政府法》，将初等和中等教育责任下放地方政府。根据该法，"地方委员会"在财政、立法、规划和人事等方面被赋予广泛的权力和责任。乌干达的教育分权基于三个方面：在政治上和法律上赋予人民以权力，在财政上下放权力，由地方委员会控制行政机构。在非洲国家中，乌干达的教育分权是实施比较彻底的。一方面将教育权力、资源和责任下放到学校和社区，另一方面政府也在课程设计、评估、教师发展等方面保持了较好的管控权，是一种比较有效的"集权化的分权"模式。（2）1998 年乌干达政府开始实施一项雄心勃勃的教育改革计划，也就是《教育战略投资计划（1998—2003 年）》。该计划的重点在于优先普及初等教育，关注性别平等和地区教育平衡发展等问题。（3）同年，乌干达成立"性别、劳工和社会发展部"，这是专门致力于促进女性进步发展的国家机构。此外还实行了"激励计划"，鼓励女子教育，为女孩的小学教育提供专项资金。在高等教育阶段采取了 1.5 分加权录取原则。按照这一原则，达到 A 级标准的女生，在报考公立大学时成绩加权 1.5 分录取。这一计划的实施使得麦克雷雷大学的女生录取人数占到总录取人数的 1/3。（4）1999 年，乌干达出台并实施了"乌干达女子教育的国家政策"。该政策极大推动了女性教育发展。此外乌干达教育与体育部还建立了"性别之桌"，以保证女性享有接受基础教育的平等机会，提升女生在科学和数学等科目的成绩，保护女生不受歧视和骚扰。

经过一系列改革措施，乌干达教育体系日益完善，初步形成了小学教育、中学教育、大学教育、职业教育、师范教育为主，各类技术培训、授予证书为辅的多元教育体系。这一教育体系也被公认为是撒哈拉以南非洲国家中最好的教育体系之一。目前，乌干达的小学教育是 7 年制，初级中学教育为 4 年，高级中学教育为 2 年，大学学制为 3—4 年。同时，教育体系也打通了职业教育和大学教育之间的通道，在职业学院学习的学生满足一定条件后可升入大学学习。乌干达教育体系如图 3.1 所示。

总之，这一时期，乌干达的教育呈现飞跃式发展。然而，教育也暴露出了其他问题，尽管入学率提升了、失学率下降了，但教育质量却有下降的趋势；随着学生入学人数的增加，教师人数、教室数量、学校的教学设置等明显不足；学生的学业完成率依旧较低；学生的读写能力和计算能力不高。

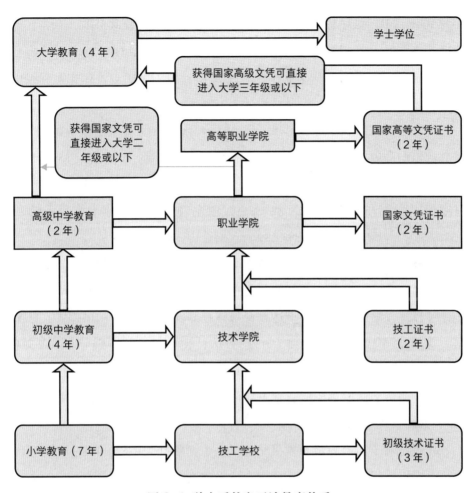

图 3.1 独立后的乌干达教育体系

四、进入 21 世纪以来的教育

乌干达现有教育体系共分为四个等级：学前教育、小学教育、中学教育、大学及其他第三等级教育。其中，义务教育为 7 年。

进入 21 世纪以来，小学入学率提升明显，且一直保持较为稳定的水平。根据联合国教科文组织 2017 年的数据，2015 年小学入学率为 102.65%，2016

年为 104%，2017 年为 102.7%。不过，其他学段入学率就要低得多。中学学段 2014 年入学率为 27.71%，2016 年为 26.7%、2017 年为 24.18%（2015 年未见统计）；第三级教育机构 2015 年入学率为 5.2%、2016 年为 5.1%（2017 年未见统计）。[1]

乌干达的人口识字率大幅提升，文盲人数尽管呈现逐渐减少的趋势，但总量依旧高居不下。根据联合国教科文组织的数据，2018 年，15—24 岁人口中识字率达到 89.4%，其中男性为 88.8%，女性为 90%；15 岁以上人口中识字率为 76.5%，男性为 82.7%，女性为 70.8%；15 岁以上文盲人数为 5 322 655 人，其中男性为 1 893 389 人、女性为 3 429 267 人。[2]

2006 年乌干达开始实施普及中等教育计划。乌干达是撒哈拉以南非洲国家中第一个实施普及中等教育计划的国家。普及中等教育计划极大提升了中等教育入学率。根据乌干达教育与体育部发布的 2016—2017 财年的数据，普及中等教育学生人数为 952 539 人，比 2015—2016 财年的 912 394 人，增长了 40 145 人。普及中等教育计划对学业完成率提升也产生了较大影响。根据乌干达教育与体育部发布的财年数据，2000 年的学业完成率为 16%，2017 年为 37.8%。[3]

21 世纪乌干达高等教育发展迅速，但也面临巨大挑战。1986 年，乌干达结束连年内战的混乱状态。此后，乌干达高等教育发生了前所未有的变化：学生注册人数和高等教育机构数量快速增长，高等教育国际化进程加快，但政府的资金供给处于停滞状态，没有相应增加。到 2010 年，乌干达的大学和大学学院已从 1987 年的 1 所增加到 31 所，包括 5 所公立大学、1 所公立大学学院、23 所私立大学和 2 所私立大学学院。此外还有 73 所经过批准成立的第三级教育机构。接受高等教育的在校生人数从 1990 年的

---

[1] 资料来源于联合国教科文组织网站。

[2] 资料来源于联合国教科文组织网站。

[3] 资料来源于乌干达教育与体育部网站。

17 000余人增加到2000年的59 716人，2007年达到155 082人。[1]然而，在高等教育迅猛扩充的同时，高等教育机构面临着质量方面的诸多挑战：高等教育机构人满为患；研究成果的发表数量下降；课程缺乏相关性；办学经费不够；教育设施落后等。因此，在进入21世纪以后，乌干达在国家层面、地区层面和学校层面采取了一系列行动与实践，以保障高等教育的质量。[2]

2001年，乌干达政府通过了《大学和其他第三级教育机构法》，并在2003年和2006年对该法进行了修订，目的是建立一个统一的高等教育管理系统，使不同的高等教育机构可以提供相似或相同的课程。根据该法，乌干达建立了全国高等教育委员会，其主要职能是：（1）就高等教育政策问题为教育部提供咨询服务；（2）给高等教育机构颁发许可证；（3）对高等教育机构所开设的所有学术和职业课程进行认证；（4）制定国家准入标准，确保高等教育机构达到这些标准；（5）公布高等教育信息；（6）确认在国外所获得的学术资格证书与本国高等教育机构所授予的学术资格证书之间的等值性。总之，全国高等教育委员会的使命是为所有乌干达人提供适切的、技术驱动的、富有活力的、可持续的优质高等教育。

近十年，随着乌干达教育的快速发展，教育支出在GDP中占比有所增加，2012—2021年乌干达教育支出在GDP中占比见表3.1。

表3.1 2012—2021年乌干达教育支出在GDP中占比（%）

年份	2012	2013	2014	2015	2016	2017	2018	2019	2020	2021
教育支出在GDP中占比	1.8	1.9	1.9	2.3	2.3	2.3	2.1	1.5	2.6	2.7

---

[1] 郑崧，郭婧. 乌干达高等教育质量保障的路径 [J]. 比较教育研究，2010（11）：6-9.

[2] 郑崧，郭婧. 乌干达高等教育质量保障的路径 [J]. 比较教育研究，2010（11）：6-9.

由于乌干达经济发展不稳定，因此教育支出的波动较大。和其他东非国家相比，乌干达的教育支出在国内生产总值中的占比是最低的。

第二节　教育家

不同教育学派之间的相互批评和借鉴对教育问题的研究产生了广泛和深刻的影响，促进了教育的发展。不同教育家的教育理论反映了不同的教育思想或教育观念，也对该国的教育发展起着重要的作用。本节主要介绍乌干达的重要教育家。

一、优素福·基龙德·卢莱

1979 年 4 月 11 日，乌干达阿明军人政权倒台，以乌干达全国解放阵线主席优素福·基龙德·卢莱为首的新政府宣告成立，卢莱任总统兼国防部部长和武装部队总司令。然而，他的总统任期只持续了 68 天，成为乌干达历史上任职时间最短的总统。卢莱也是乌干达颇有名望的大学教授。

1912 年，卢莱出生于坎帕拉的一个穆斯林家庭，属巴干达族。卢莱中学就读于被称为"乌干达的伊顿"的国王中学。21 岁时，卢莱考入麦克雷雷学院，毕业后回到国王中学教书。不久经南非大学校长的推荐，卢莱去南非哈尔堡大学深造，获得理科学士学位。之后他获得英国奖学金到英国斯托尔学院学习，一年后转入爱丁堡大学攻读教育心理学，并获教育学硕士学位。1951 年他毕业后到麦克雷雷学院任教，并担任布干达国王的教育顾问。乌干达独立前，卢莱在"过渡政府"中任农村发展部部长和教育部部长，前后达 7 年之久。而他也成了乌干达第一位黑人部长。1964 年卢莱成为麦克雷雷学院院长，任期直到 1970 年。他也成为首位黑人大学校长。卢莱的主要研究领域为教育学和社会学。为纪念他对麦克雷雷学院发展的贡献，2022 年 6 月 8 日，麦克雷雷大学理事会决定将校园中的 2 号中心教学楼更名为优素福·卢莱中央教学设施。

二、比阿特丽斯·阿育鲁

乌干达教育活动家比阿特丽斯·阿育鲁出生于里拉，乌干达乡村的一个贫困社区。她是家族中第一个考入麦克雷雷大学的女大学生。创办一所自己的学校，让贫困女孩受教育，能读会写，维护女性的权利是她的梦想。她靠卖木薯、办餐厅逐渐积累资金，2000 年在乌干达北部地区创办了里拉综合学校。该学校提供幼儿园、小学、中学、职业教育，招收学生 1 500 多人。2010 年，阿育鲁获得联合国贸易与发展会议的女企业家奖。2011 年，她被授予乌干达妇女教育勇气奖。2012 年里拉综合学校被乌干达"关注非洲教育"教育评估公司评为该地区唯一一所 3 星级私立学校。

三、穆罕默德·马姆达尼

乌干达教育家、思想家穆罕默德·马姆达尼 1946 年生于乌干达首都坎帕拉。马姆达尼祖上是移居东非的印裔商人，他是第三代移民。1962 年乌干达独立之际，马姆达尼获奖学金赴美留学，先后获塔夫脱大学学士学位、硕士学位和哈佛大学博士学位。求学期间，他积极参加美国学生民主运动。20 世纪 70 年代初，马姆达尼返回祖国，此后在麦克雷雷大学从教 20 余载，讲授政治学。他是乌干达城乡分化、农业政策等方面的专家，同时也是社会活动家，对乌干达政府政策等提出批评和建议。1998—2002 年，他出任非洲社会科学研究发展理事会主席。

1999 年，马姆达尼受聘美国哥伦比亚大学非洲研究所主任，从事人类学和政治学研究。马姆达尼学术成果等身，具有国际影响力。20 世纪 70 年代，马姆达尼撰写了颇有影响力的论文《乌干达的政治和阶级构成》（1976 年）等。20 世纪 90 年代以来，马姆达尼开始以更宏大的视野关注非洲问题，著有《公民与子民：当代非洲与晚期殖民主义的遗产》（1996 年），这部著作是非洲学和后殖民研究两个领域的开创性著作。

尽管出生于印度裔家庭，成长于殖民时期的乌干达，马姆达尼却更认同自己的非洲人身份。他将非洲视为一个整体，号召全世界黑人反对种族歧视和殖民统治，这样的"泛非主义"思想具有超越民族国家范畴的意义。

第四章 学前教育

经济的发展离不开教育的进步，而学前教育既是经济可持续发展的前提，也是国家教育进步的先决条件。作为国民教育体系的重要组成部分，学前教育对促进个体社会认知能力提升、人格品质发展和国民教育体系的良性发展等起重要作用。

第一节 学前教育的历史和现状

乌干达是世界上人口最年轻的国家之一，近一半的人口在 14 岁以下。与世界上其他发展中国家一样，近年来，乌干达政府越来越重视学龄前儿童的教育和健康需求，已制定和实施多项相关法律政策来推进学前教育的发展，解决儿童保育教育问题。本节重点介绍乌干达学前教育发展的历史及现状。

一、学前教育的发展历史

1830 年之前，乌干达的教育类型主要为传统教育或本土教育，也称为部落教育或社区教育。托儿所教育是 19 世纪下半叶由英国殖民者和印度人引进的，其目的是为其子女接受正式的教育做准备。此时的托儿所是私立机构，一般设立在私人场所或社区内。此外，还有一种欧式托儿所，是为本地的欧洲儿童回欧洲上学专门准备的。托儿所的课程设置和教材都是从国外引进的，内容很少涉及乌干达的情况。后来，一些乌干达人开始对幼儿教育感兴趣，他们开办了一批本土托儿所，为市中心的当地儿童提供入学服务，但是这些学校的教学质量远不及当地的欧式学校。

20 世纪 60 年代，乌干达政府选派并资助了一批教师赴英国参加婴幼儿教育培训。自 1962 年起，一些大学的二、三年级开始开设专业育婴方法、幼儿教育方法的相关课程。1973 年，乌干达政府颁布了一项法令，授权国家课程发展中心为包括学前教育阶段在内的全国所有教育阶段制定课程方案、研发相关配套教材。

自 20 世纪 90 年代以来，乌干达政府开始注重教育政策的制定，为教育发展提供政策保障，如《政府教育白皮书》（1992 年）就为教育系统提供了总体政策方向和指导。

二、学前教育的发展现状

（一）学前教育的普及和发展程度

学前教育阶段是认知发展最为迅速的时期，是儿童发展的关键阶段和奠基性阶段。让幼儿充分发挥其发展潜力是一项人权。联合国教科文组织所倡导的首个全民教育计划的首要目标就是要求各国努力提高儿童早期看护和受教育程度，强调了对弱势儿童群体学前教育的重视。

根据联合国教科文组织的统计数据，2016 年乌干达学前教育入学率为

13%；2017 年乌干达学前教育入学率上升为 14.4%，其中女童占比为 50.5%。
与全球其他地区相比，乌干达的学前教育入学率仍然远远落后，即便与其他
东非国家相比，也依然处于较低水平（肯尼亚入学率为 53.5%，坦桑尼亚是
35.5%，卢旺达是 29%）。[1] 可见，乌干达的学前教育发展任重而道远。

（二）学前教育目标

乌干达学前教育的目标包括：让儿童实现从家庭到学校的顺畅过渡；
为儿童接受小学教育做准备；在父母工作时为儿童提供充分的照顾和监督；
通过探索的方式，比如让儿童观察自然与环境、接触艺术、听音乐和玩玩
具来培养探索精神和创造力；培养儿童的合作意识和团队精神；培养儿童
良好的习惯。

政府为实现这些目标制定了实施指南，包括在现有公立学校设立学前
班，并鼓励社区和私人在提供学前教育方面做出努力；确保教师能提供专
业化的学前教育计划；确保教学语言主要是母语或所在社区的语言，为此
将进一步发展正字法；提供更多的用乌干达本地语言编写的教科书；监督
该国幼儿中心的最低标准的制定，确保政府、社区和教师协会充分参与管
理和维护学前教育设施。

（三）学前教育的学制

虽然学前教育涵盖 0—8 岁的儿童，但乌干达的学前教育中心（幼儿学
校）一般只接收 0—5 岁的儿童。家庭是学前教育的第一个也是最重要的一
个场所。0—3 岁的幼儿主要接受非正式的传统家庭教育。儿童从 3 岁起进

---

[1] 资料来源于联合国教科文组织网站。

入婴儿班，接受日托中心或托儿所提供的学前教育。

在乌干达的大部分地区，托儿所或学前班是与常规小学完全分开的专业学校，通常接收 3—5 岁的儿童，班级分为婴儿班、中班和大班，从大班毕业的学生可继续就读小学一年级。

（四）学前教育的学校数量和类别

在乌干达，社区育儿中心、日托中心、家庭育儿中心和托儿所是常见的学前教育机构。2014 年，乌干达有学前教育机构 4 956 所，其中，4 465 所托儿所，442 所社区育儿中心，33 所日托中心，16 所家庭育儿中心。[1] 2014 年，乌干达各地区的学前教育机构数量见表 4.1。

表 4.1 2014 年乌干达各地区学前教育机构数量统计 [2]

地区	社区育儿中心	日托中心	家庭育儿中心	托儿所	小计
阿乔利	17	3	1	203	224
安科莱	15	2	—	255	272
布干达	97	5	6	1 694	1 802
布基迪	18	1	1	193	213
布尼奥罗	35	6	—	478	519
布索加	18	3	—	304	325
埃尔贡	12	—	—	153	165
卡拉莫贾	79	5	—	17	101
基杰奇	12	—	—	171	183

---

[1] 资料来源于乌干达教育与体育部网站。

[2] 资料来源于乌干达教育与体育部网站。

续表

地区	社区育儿中心	日托中心	家庭育儿中心	托儿所	小计
兰戈	12	—	—	232	244
特索	15	2	—	207	224
托洛	98	5	6	387	496
西尼罗河	14	1	2	171	188
总计	442	33	16	4 465	4 956

在乌干达，学前教育中心分布极其不均衡，多数集中在人均收入较高的地区，这导致农村地区的儿童难以享受学前教育。

（五）学前教育的教学资源、活动及组织方式

3—5岁儿童的早期启蒙教育十分重要。然而在乌干达只有少部分的3—5岁儿童能接受正规的学前教育。由于父母的重视程度不足或家庭教育中能使用的教学资源比较匮乏，玩具便成为儿童学习材料的重要组成部分。

在乌干达的学前教育机构中，教师主要通过游戏和活动来进行教学。例如，让孩子们通过学习歌曲和押韵来提高认知，通过玩滑梯和荡秋千来锻炼肌肉和促进身体发育，通过玩积木、拼图、玩偶等结构化游戏来促进情感发展，教学使用的语言多为母语。此外，还通过在社区举办文化庆典，如画画、唱歌、跳舞、讲故事等活动来培养儿童的表达能力和审美素养。教师和保育员有时还穿着传统服装来提升儿童的兴趣。在乌干达北部，部分教师还采用多媒体形式来教授歌曲、传统故事、民间传说等，并在教授相应的情节时与孩子们一起唱歌、跳舞或玩耍。这些活动非常有趣，受到了孩子们的喜爱。

有些办学水平较高的机构中，除了本土文化课程外，还开设了优质创

意课，启发幼儿多元智能发展，培养儿童的社交能力，促进其身心健康。值得一提的是，尽管乌干达政府强调日托和学前教育的重要性，但是提供学前服务的机构主要还是私立机构，而且学费非常昂贵。近两年受新冠肺炎疫情的影响和经济下滑的限制，乌干达许多学前班被迫关闭，导致众多社区的弱势家庭的子女无法接受学前教育。

（六）学前教育与初等教育的衔接

乌干达政府认为学前教育是优质教育的基础，因为它是儿童身心成长的关键阶段之一。为了更好地与初等教育衔接，在乌干达，有些托幼机构组织幼儿学一些小学的知识，侧重于三个科目：英语、阅读和数学。这些课程的学习可以促进学前儿童的身体健康和运动发育，增强其情感发展、语言发展和基本认知能力的发展，同时减少延迟入学、辍学和留级现象，提高儿童的学习任务完成度和学习成绩。

在非洲国家，学前教育入学率越高，小学毕业率越高，留级率越低。乌干达接受了优质学前教育的儿童在小学一年级留级或辍学的概率大大降低，比其他未接受学前教育的儿童更有可能完成小学学业并升入更高级别的学校。

第二节 学前教育的特点和经验

学前教育是终身学习的开端，是国民教育体系的重要组成部分，是重要的社会公益事业。20 世纪 70 年代，非洲的幼儿大多待在家里，接受父母、祖父母等家庭成员的照料。幼儿与家庭成员之间的互动为儿童的社会化提供了一个稳定的环境。但是，近年来随着非洲城市化的发展和社会生活的改变，传统的大家庭解体了，母亲需要外出工作，于是如何照料幼儿的问题就出现了。需要强调的是，非洲的现代化国家是殖民活动的产物，它们是相互割裂的民族和文化的混合物。这些国家有自己的语言、文化以及抚育儿童的风格。

乌干达的学前教育既有非洲国家学前教育的共性，也有其独特之处。本节重点介绍乌干达学前教育的特点和经验。

一、学前教育的特点

（一）非义务性、基础启蒙性、保教结合性和直接经验性

跟很多国家的学前教育相似，乌干达的学前教育也具有非义务性、启蒙性、保教结合性和直接经验性。非义务性是指入学不具有强制性，教学时间安排也相对灵活。启蒙性指的是教育内容是具体形象、浅显易懂的自然和社会知识。保教结合性指保育和教育相结合，在保育中对幼儿实施教育，教中有保，寓教于养。直接经验性指的是由于学龄前儿童的认知水平和知识经验有限而采用形象、直观、生动、体验式的教学方法。

（二）显著的差异化

乌干达的学前教育具有显著的差异化特点。在入学机会和教育支出上，在城市和乡村之间、不同收入群体之间，学前教育存在很大的差异。比如在城市，通常有两种形式的早期教育和托儿中心。有的中心收取高额费用，配有高标准、高规格的设施，这些条件优越的早期教育只有富人才能享有。在贫困地区也有不正规的幼儿教育机构，半城市化的地区通常有临时的幼

教机构。这些机构通常都过度拥挤，缺乏学习材料和工作人员，很多机构在既未注册也没通过审核的情况下就开始运作了。贫穷群体的儿童与较富裕家庭的同龄人相比，获得学前教育的机会要少很多。

二、学前教育的经验

（一）相关政策的制定和实施是学前教育发展的重要保障

多年来，乌干达政府制定了一系列政策和法律法规，旨在确保所有乌干达公民在各个领域都能公平获得优质教育服务，包括《教育法》（2008年）和《政府教育白皮书》（1992年），并将学前教育委托给私营部门，责成相关政府机构规范和制定学前教育的标准。《政府教育白皮书》（1992年）概述了教育的宗旨和学前教育的目标。为了实现这些目标，政府于2008年出台了学前、小学和小学后教育法案以及《教育战略投资计划（2017—2020年）》，承诺制定和实施学前教育综合政策框架，其中包括将学前教育培训制度化，为学前教育提供符合国家规定的综合幼儿发展政策（2016年），还推出了第二届全国2016/2017—2019/2020财年发展计划、可持续发展目标（2030年）和乌干达愿景（2040年）。

儿童权利在国际上得到联合国公约的承认，比如在《联合国儿童权利公约》（1990年）、《非洲权利与福利宪章》（1990年）和《仁川宣言》（2015年）中已得到体现。在乌干达，1995年《共和国宪法》《儿童法》第59章（经2016年修订）和《教育法》（2008年）中也明确规定了儿童的受教育权。2018年12月，乌干达教育与体育部颁布了《幼儿保育和教育政策》，其中儿童受教育的权利在全球、区域和国家框架中得到阐明，这在很大程度上保障了乌干达儿童享有的各种权利。

目前，乌干达相关教育政策在学前教育领域取得了一些成就。政策文件中对学前教育水平的官方认可使在乌干达发展学前教育成为可能，提升了学前教育的地位。政府允许私人开办托儿所，鼓励私人提供学前教育服务。

（二）公众意识的改变是学前教育发展的催化剂

国际上普遍认为学前教育是所有其他教育阶段的基石。然而在教育界，专家们对学前教育的观点却不尽一致。有人认为幼儿还不够成熟，无法学习学前教育课程中要求他们完成的复杂任务或技能，他们认为，母亲的爱和温暖比任何教育计划都重要。而另一些研究表明，学前教育对儿童的情感、概念和社会发展有积极作用。[1]

同样，许多乌干达的民众对学前教育的重要性的认知也不相同。有些家庭是迫于贫困而无法给儿童提供受教育的机会，而有些父母则是认为学前教育没有必要。他们认为孩子只要掌握语言，接受基础的家庭教育即可，等到孩子 6 岁以后再去小学接受初等教育也不迟。许多人认为，学前教育是在家庭和社区中完成的，教给儿童语言以及团体的社会行为就算达到目的了。

尽管人们对学前教育的看法不同，但乌干达政府规定学前教育应纳入主流教育。虽然政府不直接参与日托中心和托儿所的创建，但对以下内容进行监督：提供和分发建立和管理学前教育机构的政策指南；适当使用乌干达当地语言进行国家课程和教科书的开发；审批相关的补充阅读材料和教师指导手册；为已完成的工作和接受的培训开具适当证明。

近年来，乌干达民众对学前教育的重视程度有所提高，学前教育需求量逐年增加，入学率不断提高。有些学前教育机构开始与父母建立密切的合作伙伴关系，以帮助满足孩子们的需求。他们定期举行家长会，让家长

---

[1] YOSHIKAWA H, WEILAND C, GORMLEY T W, et al. Investing in our future: the evidence based on preschool education [A]. Society for research in child development. Foundation for child development, 2013.

及时了解孩子的近况，并鼓励家长们提供反馈和建议。这些机构还为家长们提供培训，让他们了解有关儿童权利的知识以及让子女接受教育的好处，提高了家长对学前教育的认识和重视程度，从而形成了良性循环。

第三节 学前教育的挑战

在乌干达，学前教育面临着儿童受教育的机会有限、教学质量参差不齐、教师队伍建设落后、政府的投入和监管不足等挑战。

一、儿童受教育的机会有限

乌干达学前教育发展较为落后，教育中存在不平等的问题。如何帮助农村贫困地区儿童、残疾儿童和战乱中的儿童等弱势群体获得接受教育的机会，减少获得优质教育机会方面的不平等是不容忽视的问题。

联合国儿童基金会 2014 年的数据表明，在乌干达只有 30% 的儿童在出生时进行了登记，每五个儿童中只有一个有出生证明。[1] 这些未登记儿童难以得到本应享有的权利，包括儿童福利、卫生保健和教育等必要服务。尽管政府已经设置了法律框架，也制定了儿童保护计划和政策，但实施起来仍然是个挑战。

教育事业涉及公共利益，是民众的普遍权利。在乌干达，城市和农村的学前教育机构教学质量反差较大，低收入家庭支付不起费用，且农村社会经济发展状况决定了农民对学前教育经费的支付能力极其有限，也不可能像城镇那样依靠民办或其他社会力量来办好幼儿教育。

---

[1] 资料来源于联合国儿童基金会网站。

二、教学质量参差不齐

根据乌干达教育与体育部 2014 年统计，学前教育机构中 10 255 间（66.6%）教室是永久性的，5 133 间（33.4%）是临时的；学前教育卫生设施不足，只有 31 292 个厕所蹲坑，其中 29.3% 是男厕，30.6% 是女厕，男女学生共用的有 12.2%，保育人员和教师专用的有 27.9%，其中很大一部分连隔板都没有。[1] 在坎帕拉市，有的幼儿园就是一个车库或是只有一间卧室的公寓，设施极度缺乏，也没有合格的保育人员。

另外，乌干达学前教育中心使用的教学材料也不合适。学前教育所需的玩具和书籍等教学材料都很陈旧。一些优秀的传统本土教学材料，比如许多乌干达古老的故事已经失传。现在许多幼儿园在教学中采用的新内容和做法，大部分都是从国外直接生搬硬套的，不符合当地的实际情况。

乌干达学前教育水平参差不齐，质量有待提高。学前教育课程间的相关性和交互性不足。目前的学前教育教学大多以保育为主，教育为辅，不利于幼儿全面发展和教育质量的提高。一些幼儿学前教育机构的教学达不到家长们预期的学习成果，致使家长们认为学习效果与所缴的高昂费用不成正比。另一些学前教育机构则过于小学化，教学主要使用黑板板书，大多数时间用于学习书本或完成课堂作业，缺乏设备齐全的户外空间，也缺少必要的户外活动。这种教育方式对幼儿产生了负面影响，导致课堂互动质量差，片面强调智力发展而忽视儿童个性的发展，在孩子的情感培养、人际交往方面关注度不足。

---

[1] 资料来源于乌干达教育与体育部网站。

三、师资力量薄弱

乌干达全国所有学前教育中心的一个共同特点是缺乏合格的教师。合格的教师能帮助学生避免留级和辍学，还有可能帮助学生按时上一年级。但是乌干达的学前教育工作者收入低，缺乏住房保障，偏远地区要想招聘和留住有经验的教师十分困难。许多教师学历低，缺乏足够的专业知识。大多数幼儿教师上岗前未经过学前教育专业培训，幼儿教育理论与方法欠缺。教学活动内容不丰富，游戏种类单一，不懂因材施教。高文化水平、高素质的幼儿教师的缺乏是导致该国学前教育水平普遍低下的主要原因之一。提高乌干达学前教育教师的素质，加大乌干达学前教育师资培训迫在眉睫。

四、政府投入和监管不足

在乌干达，学前教育机构管理不规范也是个严重的问题。根据教育与体育部2016年统计，全国有6 798个托儿所教育中心，其中35.1%（2 386个）在中部地区；在全国所有的学前教育中心中，只有2 084个获得了经营许可。[1] 许多学前教育机构并未获得审批便开始招生，其设置标准和审批条件并未达到相应的要求。国家对幼儿园教职工资质、设施配备、收费行为、安全防护、卫生保健、保教质量以及财务管理等方面的动态监管不足，导致存在一系列潜在的问题。

缺乏足够的学前教育投入导致乌干达学前教育水平与其他非洲国家的差距进一步扩大。国际共识建议至少10%教育预算分配给学前教育，而目前包括乌干达在内的非洲国家对学前教育的拨款是远低于国际共识的。除了投入总量不足外，学前教育经费在区域和园所间的分配也非常不均衡。

---

[1] 资料来源于乌干达教育与体育部网站。

第五章 基础教育

接受基础教育是人们获得现代公民基本素养的必要方式。发展基础教育、实现青少年儿童受教育的基本权利对国家经济增长、社会和谐、人力发展具有关键作用。作为一个发展中国家，乌干达已将教育视为促进国家稳定和发展、提高社会凝聚力的助推器。[1]

第一节 基础教育的历史和现状

乌干达的基础教育体系通常包含七年初等教育（小学）和六年中等教育（四年初中、两年高中）。本节重点介绍乌干达基础教育的历史及现状。

一、普及基础教育的背景

1971—1985 年，乌干达的教育系统受到严重破坏，教育部门极度贫困，预算拨款从 3.4% 下降到 1.4%，教师的实际收入远低于最低生活支出。教育

---

[1] ZEBUN N K. Role of education in building social cohesion[J]. International journal of secondary education, 2016, 4 (2): 23-26.

服务的规划和管理不足，所有级别的课程和相关评估系统都已过时。很多小学教师未经培训就上岗，即使接受过培训的教师也缺乏基本的教学技能。学校基础设施年久失修，教学材料严重短缺。1986 年政府推出了多项整改和创新举措，加快教育改革和重建进程，以提高基础教育的质量。1987 年，乌干达成立了教育政策审查委员会。

1992 年，政府发布了《政府教育白皮书》，制定了实现普及初等教育的目标。这项政策的总体目标是增加乌干达初等教育的机会、公平和质量，以期根除文盲，进而改变社会。具体目标包括：提供和维持优质教育，促进必要的人力资源开发；提供最基本的设施和资源，使每个孩子都能完成初等教育；使学习者能够接受基础教育，满足国家发展目标及其相关需求；实现教育公平，消除差距和不平等；确保大多数乌干达人能够负担得起教育费用；消除文盲，使每个人都具备基本的知识和技能。

2007 年，乌干达推出了普及中等教育政策。普及中等教育政策是普及初等教育的后续行动，以增加经济弱势家庭获得优质中等教育的机会。

二、基础教育的发展现状

（一）普及程度和教育目标

普及初等教育政策推出以来，乌干达小学入学人数持续增加，从 1996 年的 310 万人增加到 1997 年的 530 万人，到 2000 年增长为 655.9 万人，2007 年为 741.5 万人，2010 年为 837.4 万人，2016 年约为 865.6 万人。[1]

截至 2020 年 11 月，乌干达政府报告该国的小学数量、政府资助和私

---

[1] 资料来源于世界银行网站。

人资助都有所增加；入学率也持续提高，从 1992 年的 37% 跃升至 2005 年的 81%，到 2013 年达到 93.7%。2017 年以来乌干达的毛入学率一直保持在 100%；2020 年乌干达小学就读人数超过 900 万人，中学就读人数为 130 万人。[1] 同年，受新冠肺炎疫情影响，乌干达小学全面停课，但目前已经复课。

乌干达初等教育的第一个目标就是扩大平等获得优质初等教育的机会并提高小学结业率。为此，政府鼓励非政府组织在贫困社区针对弱势儿童和青少年开展教育项目；加强对有特殊需要的儿童的教育；制定普及小学教育政策和普及小学后教育和培训政策，涵盖针对贫困家庭儿童的营养改善计划；努力减少女孩上学的社会文化障碍；改善小学设施；鼓励六岁儿童入学，减少留级和辍学的现象。初等教育的第二个目标是提高初等教育的质量。这一目标具体包括提高小学生掌握基本识字和算术的能力；改善教学过程，提高学生的基本生活技能；加强师资力量；通过加强学前教育和其他教育措施为儿童进入小学做好准备。

中等教育介于初等教育和高等教育之间，扮演着特定的角色。乌干达的中等教育注重培养学生的民族团结意识及其社会责任感；要求学生尊重他人，爱护公共财产，崇尚有益的国际关系和国际合作；还注重培养学生对乌干达文化遗产和语言的欣赏和理解。通过接受中等教育，学生的自律意识、责任感、道德观和价值观都得到了发展。中等教育的首要目标是提高小学后教育的公平性，尤其是提高女孩、残疾学生、贫困学生受教育的公平性。中等教育的第二个目标是帮助学生为进入劳动力市场和接受高等教育做好准备。

---

[1] 资料来源于乌干达政府网站。

（二）学校数量和类别

相关数据显示，乌干达 2002 年仅有 14 281 所小学，到 2010 年则达到 20 448 所，2014 年达到 22 600 所，约有四分之三的小学位于农村地区。[1]

乌干达的小学分两类，一类是由政府资助和管理的公立小学，另一类是由非政府组织、私营企业家和投资者管理的私立小学。2017 年乌干达小学数量及类型统计见表 5.1。

表 5.1 2017 年乌干达小学数量及类型统计 [2]

地区	公立小学	私立小学	总数量
阿乔利	624	264	888
安科莱	1 368	777	2 145
布干达	3 003	3 341	6 344
布基迪	581	234	815
布尼奥罗	621	812	1 433
布索加	1 142	471	1 613
埃尔贡	629	366	995
卡拉莫贾	207	81	288
基杰奇	738	355	1 093
兰戈	627	244	871
特索	741	305	1 046
托洛	856	747	1 603
西尼罗河	899	272	1 171
总计	12 036	8 269	20 305

---

[1] 资料来源于乌干达教育与体育部网站。

[2] 资料来源于乌干达教育与体育部网站。

据表 5.1 可知，2017 年政府统计调查的全国 20 305 所小学中，公立学校约占 60%，私立学校约占 40%。布干达地区的公立学校数量最多，有 3 003 所；其次是安科莱地区，有 1 368 所；而卡拉莫贾的学校数量最少，只有 207 所。[1]

乌干达约 90% 的学校是全日制授课学校，约 10% 的学校是半寄宿学校，极少数是全寄宿学校。男女同校的综合类学校占 99% 以上。只招男孩和只招女孩的学校数量非常少，占比不到学校总数的 1%。90% 以上的两所相邻学校之间的距离在 5 千米范围内。在乌干达，小学在正式注册前会首先获得临时许可，因此所有注册的学校都是获得了经营许可的学校。2017 年政府数据显示，有 66% 的小学进行了注册，20% 的小学已经获得许可尚未注册，14% 的小学没有获得许可也没注册。[2]

与小学一样，乌干达的中学也分为公立和私立两大类。还有一些是政府与教会等组织合建的学校，比如恩德杰中学。大多数私立中学由企业家所办，提供国外课程的国际学校也是其中的一小部分，有一部分私立中学属于公私合营。根据 2017 年数据统计，66% 的中学是私立中学，而由乌干达政府创立的公立中学只占 34%。2017 年，乌干达各地区实施普及中等教育政策的公立中学和私立中学的数量见表 5.2。[3]

由表 5.2 可见，普及中等教育政策发布后，在近 3 000 所中学中，仅有一半左右的学校实施了此项教育政策；从中学的分布范围来看，农村地区的中学数量占比最高，其次是郊区，最后是城市，占比分别为 55%、26% 和 19%。[4] 但不论其所有权如何，中学均由乌干达教育与体育部来监督和管理。

---

[1] 资料来源于乌干达政府网站。

[2] 资料来源于乌干达政府网站。

[3] 资料来源于乌干达政府网站。

[4] 资料来源于乌干达教育与体育部网站。

表 5.2 2017 年乌干达各地区实施普及中等教育政策的公立中学与私立中学数量

地区	实施普及中等教育政策的中学类型及数量			未实施普及中等教育政策的中学类型及数量			中学总数量
	公立	私立	总数量	公立	私立	总数量	
阿乔利	47	11	58	0	61	61	119
安科莱	87	45	132	16	162	178	310
布干达	197	181	378	35	516	551	929
布基迪	54	36	90	7	54	61	151
布尼奥罗	44	36	80	5	92	97	177
布索加	68	86	154	13	84	97	251
埃尔贡	69	39	108	2	62	64	172
卡拉莫贾	16	5	21	3	3	6	27
基杰奇	76	25	101	11	79	90	191
兰戈	58	14	72	3	41	44	116
特索	61	26	87	1	72	73	160
托洛	68	41	109	3	101	104	213
西尼罗河	71	26	97	4	78	82	179
总计	916	571	1 487	103	1 405	1 508	2 995

就学校类型和寄宿状况而言，有 94.7% 的中学为男女同校的综合类学校，有 3.7% 的中学为女子中学，1.6% 的学校为男子中学；54.95% 的学校为走读学校，7.8% 为半寄宿学校，37.4% 为寄宿学校。[1]

---

[1] 资料来源于乌干达教育与体育部网站。

（三）学制

乌干达的正规教育包括三个基本层次。初级水平由 P1—P7（其中 P 代表初级）七个等级（或标准）组成。初等教育，即小学教育，持续时间为七年。中等教育六年，包括四年初中和两年高中。

小学教育学制七年，授课时间从二月到十二月，入学年龄一般为六岁。小学教育分为三个阶段：初等阶段（一到三年级）、过渡年级（四年级）和高年级阶段（五到七年级）。完成七年级学业后，学生将参加小学／初级毕业考试。

成功完成小学学业的学生在中学阶段有两种选择，即普通中等教育和职业技术教育。普通中等教育有两个级别：O 级和 A 级（其中 O 代表普通，A 代表高级）。O 级或初中是中等学术教育的第一阶段，需要四年，对应的等级是 S1—S4（S 代表 Secondary，译为中学）。在这个学习阶段结束时，也就是成功完成四年 O 级中学教育后，学生将参加乌干达教育证书考试。只有此证书持有者才有资格接受 A 级的两年高中教育，即 S5—S6 层次的教育。在乌干达通常只有 20% 的 O 级毕业生能够考入 A 级中学，在专业领域接受高级培训。高中两年学业结束时，学生将参加乌干达高级教育证书考试。本次考试的成绩决定了学生是继续就读还是择业，也决定了他们是获得进入大学接受高等教育的资格，还是进入国立师范学院就读。乌干达教育证书考试和高级教育证书考试都是为认证和选拔而设计的国家级考试。

能否进入中学取决于是否以高分通过小学毕业考试。未进入中学的毕业生可以进入二级师范学院（二级教师培训计划）或职业院校、技术学院。大部分完成 O 级并进入就业市场的学生无法找到适合的工作，这加剧了他们对乌干达政府的不满，增加了社会动荡因素。

（四）教学资源与课程设置

中小学阶段的教学资源包括教材、教师指南、补充读物、课程支持材料、基本参考书（地图集和字典）和教学辅助材料等。乌干达普及初等教育政策中规定的人头补助金的一部分（35%）用于学校购买补充材料（主要是补充读物、教师参考书、挂图、粉笔、黑板等）。除了这些补助，政府预算也提供大量资源购买这些材料。之前教材出版、印刷分销及教科书的价格在乌干达一直是个问题。2000年，乌干达政府实施了教学材料改革计划，降低了中小学教学材料的采购成本。印刷出版自由化政策使得大部分教材能够在当地出版和印刷，更便宜且更本地化的供应显著增加。近年来学校积极采购教科书，也更好地利用了教学资源。

乌干达小学课程旨在培养学生终身学习的能力和生活技能，同时强调识字、算术、语言发展和价值观培养。乌干达小学课程分为三个阶段，即低年级课程、过渡课程和高年级课程。小学课程的科目包括英语、综合科学、当地语言、数学、宗教教育（基督教教育和伊斯兰教教育）、社会研究、技术和设计、表演艺术等。

在教学语言方面，根据新课程要求，小学一年级到三年级的教学使用当地语言，四年级作为过渡期逐步切换到英语，除了课程和教材使用英语外，在四年级结束考试时也使用英语。在乌干达中学中，英语是主要的教学语言。

乌干达的中学课程多是理论性的，包括数学、物理、化学、生物、英语、法语、历史、地理、宗教研究、政治教育、文学和商业。所有学校都有课外活动，如足球、校园戏剧、音乐会等。

第二节 基础教育的特点和经验

一、基础教育的特点

（一）基础教育的逐步普及化

1997 年，乌干达政府开始在全国范围推行免费初等教育政策。政策最初规定每户家庭可以有四个孩子享受免费初等教育，其中包括两名女孩；2003 年改为对所有儿童实行免费初等教育。为了确保各级机构落实普及初等教育制度，政府推行了全民参与的政策，动员地方政府、社会机构和家长选举产生学校管理委员会，鼓励大家积极投入资金或人力，支持初等教育的发展。

早在 2005 年 11 月，穆塞韦尼就在"全国抵抗运动"大会上宣布乌干达将推行普及中等教育政策。2007 年 2 月，乌干达政府开始正式在全国推行普及中等教育政策。乌干达是非洲第一个普及免费中等教育的国家。

近年来，乌干达的初等教育入学率和毕业率有了较大的提高。根据乌干达教育与体育部的数据，普及初等教育政策实施二十多年以来，乌干达的小学入学人数已从政策实施前一年 1996 年的 250 万人增加到了 2023 年的 860 万人。[1] 截至 2021 年，乌干达 15 岁以上国民识字率上升到了 79%，其中 15—24 岁青年识字率达到 90.8%。[2] 得益于免费基础教育的普及，越来越多的乌干达女性得到了受教育的机会。

---

[1] 资料来源于乌干达教育与体育部网站。

[2] 资料来源于世界银行网站。

（二）教学监管的严格制度化

基础教育教学监管制度化表现在以下三个方面。

第一，基础教育的课程由国家课程发展中心统一制定。乌干达国家课程发展中心成立于 1973 年，负责调查与教学大纲相关的小学、中学和高等教育的课程修订需求，修订教学大纲和课程，准备教材，调查和评估修订后的教学大纲，宣传新课程和新教材等。在修订课程时，首先是教育政策审查任命委员会根据经济政策研究中心的报告编写政府白皮书，接下来成立一个课程审查工作组，并在课程开发之后将每个科目的教学大纲交由乌干达国家课程发展中心的科目独立小组。

第二，基础教育办学由教育与体育部负责统筹规划和协调管理。教育部的行政结构由常务秘书领导。

第三，采用督学制度。乌干达经历了 1998 年的权力下放改革之后，区教育办公室被授权管理所有教育事务，负责监督、检查教学质量。这解决了之前因资源匮乏、小学所处位置与区教育办公室距离较远而极大地影响检查次数的问题。现在大多数学校位于区教育办公室可及范围内（即 20 千米以内），因此检查实施起来更加方便，大多数学校每学期至少会被区教育办公室检查一次。

二、基础教育的经验

（一）不断深化课程改革

乌干达独立后的第一个小学教育课程于 1965 年编制，随后在 1967 年、1989 年、2000 年进行了修订。2003 年在乌干达国家课程发展中心协调下，教育与体育部启动了课程审查任务，并于 2004 年实施了课程审查。结果证实，2000—2002 年的课程编制并不恰当，于是决定于 2005 年进行课程改革。改革从小学低年级开始，2007—2009 年审查小学一年级到三年级，2010 年主要审查小学高年级。

中学教育课程审查于 2007 年开始。中学科目太多，教师的负担重，为此，教育与体育部对初中课程进行了修订，编制了初中一、二年级的 18 个科目的教学大纲。[1] 新课程主要是基于主题的课程。近年来，政府继续实施主题课程，同时将生活技能教育纳入小学、初中以及职业技术教育课程范畴。后疫情时代，乌干达政府还为基础阶段开发了节略课程（Abridged Curriculum)[2]。为了深化基础教育教学改革，使课程更加适应社会发展实际，帮助教师落实数字化教学，乌干达制定并实施了数字化教学方案，政府承诺将继续为学校提供数字基础设施和继续开发能够支持数字学习的软件，并针对不同教育级别建立了在线学习机制。

（二）贯彻实施地方督学制度

在督学方面，乌干达实行以地方为主组织实施对学校进行督导的工作机制，指导学校不断提高教育质量。督学为教育与体育部派驻各地的代表，全国每个区都有地方督学，并分别设置高级学校督学及区学校督学各一人，助理督学若干人。

乌干达教育与体育部在 2009 年修订了教育机构基本要求最低标准，涵盖学前教育、初等教育、中等教育、职业教育和教师教育。在进行学校检查时，这个最低标准常被看作基本条件。比如，教育机构要提供一定质量

---

[1] 资料来源于联合国教科文组织网站。

[2] 乌干达政府提出的相关概念，为了在有限时间内从疫情影响中恢复教学，有效实施课程同时还不影响课程质量。

的教育和培训，这是衡量教育水平和学校管理绩效的基准。为评估教育机构的业绩和管理水平，该标准还对以下方面进行了规定：（1）一般管理，（2）组织的建立和设施的维护情况，（3）员工组成和人力资源情况，（4）教育过程，（5）课程符合的状态，（6）学生的发展情况，（7）筹款和财务管理情况，（8）监护人和社区组织的发展情况，（9）公共卫生和环境情况，（10）纪律管理和发展，（11）时间管理，（12）安全管理，（13）宿舍设施的管理。[1]

此外，乌干达教育与体育部还提供了以小学教育师范学院为中心的教师发展和管理系统，学校受这个系统的监控和指导。从全国小学教育师范学院中选出了 23 个协调中心，这些协调中心的导师负责大约 50 所外展学校，他们负责对学校进行定期访问，提供教育指导和帮助。

第三节　基础教育的挑战和对策

乌干达作为一个发展中国家，在基础教育发展过程中面临着教育资源有限、教师工作积极性低、中等教育入学率与入学增长率低、区域发展不平衡等问题。本节重点对此进行阐述，并介绍乌干达政府提出的相应对策。

一、基础教育面临的挑战

（一）教育资源有限

1997 年，乌干达实行普及初等教育政策，取消了学生初等教育的学费。

---

[1] 资料来源于乌干达教育与体育部网站。

结果，小学在校生人数快速增长，给教育规划带来了巨大挑战：一是导致学校容纳力不足，很多孩子不得不坐在拥挤的教室地板上学习，没有书本，没有桌椅，甚至连水电都没有；二是学生的大量流入导致师生比例严重失衡。人口快速增长与初等教育容纳力不足之间的矛盾凸显。

（二）教师工作积极性低

初等教育入学人数过多给教师带来了巨大的压力，影响了他们的工作积极性和对职业的热情。教师面临许多挑战，包括纪律管理困难、教室空间不足、评分和教学工作量增加，严重影响其优质教育成果的产出。一些教师由于压力巨大，甚至放弃了教师职业。学校对教师管理不力，导致乌干达教师旷工现象严重。缺勤原因除了生病、住宿条件差、离学校远、低薪之外，教师士气低落也是一个重要因素。由于缺勤教师多，在职教师被迫承担额外的工作。师生比例直接影响学校教育的质量，班级越大，教育者就越难了解个别学生的情况。在乌干达，虽然有政策明确规定了师生比例，但这些政策很难得到落实，学校不断接纳更多的学生进入课堂。在教室人满为患的情况下，确实很难实现教育目标。

（三）中等教育入学率低，入学增长率低

由于普及初等教育政策的引入，乌干达的中等教育需求一直在增加。普及初等教育政策减少了家庭在小学教育阶段支付的学费，让小学教育的入学机会和公平性有了显著的提高。然而，该政策没有对中学教育产生明显的溢出效应，小学毕业生上中学的比例依然较低。

与初等教育入学率和入学增长率相比，中等教育的成效更令人担忧。继普及初等教育后，乌干达政府于 2007 年推出了普及中等教育政策，为

经济弱势家庭和社区提供中等教育入学机会。乌干达中学学龄儿童（13—18 岁）的入学率虽然有所增加，然而增长并不像小学那样明显。2010 年，乌干达中等教育净入学率仅为 24.6%，男孩数量多于女孩，性别差距略有扩大。[1]

实行普及中等教育政策后，乌干达中学生数量几乎每年都在增长，2007 年有 95.4 万名学生，2016 年超过 150 万名，但与邻国相比，乌干达入学率的增长速度仍然很低。此外，乌干达总入学率自 2007 年以来一直停滞不前，2017 年的总入学率仅为 28%，远低于邻国的入学率。[2]

（四）区域发展不平衡

普及初等教育政策和普及中等教育政策实施以后，中小学学生入学率有了明显的增加。这就对提供优质教育提出了挑战，需要政府投入更多资源用于基础教育。但是，有限的可用资源与公共部门的其他要求使政府难以调动额外资源来提高教育质量。虽然乌干达高度重视教育，但资金缺乏等关键问题阻碍了教育发展。

不论是初等教育还是中等教育，均存在发展不均衡的问题。农村与城市之间、不同地区之间，均存在明显的教育发展不平衡的问题。非公立学校的辍学率高于公立学校，农村地区的学校的辍学率高于城市地区的学校。

此外，全球新冠疫情的影响对乌干达基础教育的冲击巨大，导致该国成为全球停课时间最长的国家。新冠疫情给乌干达基础教育带来了沉重打击，尤其是那些来自贫困家庭和农村的学生，因为疫情影响使得家庭经济更加困难，即使宣布复课，他们的家庭也往往无力支持他们重返课堂。疫情之后，有些学校因缺乏资金支持面临永久关停的风险。2022 年 1 月复课

---

[1] 资料来源于乌干达政府网站。

[2] 资料来源于世界银行网站。

以后很长一段时间，坎帕拉的许多复课学校依然没有开启公共卫生设施，有些教室和公共卫生间都没有开放。复课以后的防护措施更是难以保障，很多学校无法提供消毒措施和防疫用品。这些制约因素也成了基础教育效率受限的重要原因。

二、基础教育发展的对策

虽然基础教育面临一系列的挑战和问题，但近年来，乌干达政府也一直在为此而努力。

（一）加大投入，缓解人口快速增长与初等教育容纳力不足之间的矛盾

乌干达政府于 1998 年通过了《教育战略投资计划（1998—2003 年）》，该计划明显改善了乌干达政府、民间社会和援助机构之间的关系。以下两大因素有助于缓解融资约束。一是援助交付机制有所改善。政府及其合作伙伴采用全部门方法而不是基于项目的方法，通过中期预算框架为教育系统提供支持。通过开发有效和可靠的教育管理信息系统进一步提高了这种制度的有效性。二是重债穷国倡议（HIPC）增加了可用于教育部门的资金。此倡议使得乌干达作为受益国成为首批有资格获得高度债务减免的撒哈拉以南非洲国家之一。救济储蓄和额外的捐助资金以扶贫行动基金的形式给予提供社会服务的部门，包括初等教育和公共卫生。

引入全部门方法和一般预算支持创造了财务先决条件，利于普及初等教育。乌干达全部门教育方法的思路始于 1996 年。最初的支持国家和机构相对较少，包括英国国际发展部、爱尔兰、荷兰、美国国际开发署、欧洲

委员会和世界银行。后来，其他发展伙伴也加入进来。在全部门方法的框架内，15 个发展伙伴创建了教育资助机构小组来协调预算支持、项目支持和技术援助。乌干达的例子表明，全部门的方法可能是短时间内来加强教育的有效战略。

大多数干预措施在开始时是有效的，但学校数量多、效益低、资源配置严重不当、管理混乱、缺乏培训等问题很难在短期内解决。教育与体育部没有在偏远地区投资的动机，发展合作伙伴认为有必要在偏远地区进行投资，但这些投资成本很高。因此潜在的不平等短期内依然存在，需要继续努力。为此，政府设立了有条件拨款（学校设施拨款），为基础设施扩建提供资金，并要求严格按照扶贫基金的规定进行使用。1999 年 7 月至 2005 年 7 月，教育与体育部建造了大约 33 000 间教室。2020 年 11 月，乌干达全国建设 138 所小学，以实现 1∶50 的师生目标。此外，在坎帕拉举行的难民团结峰会获得 3.582 亿美元的认捐，这为教育提供了巨大的资源。[1]

扩大学校设施建设、增加对教育部门投资的举措效果十分显著。学校数量从 2000 年 12 500 所增加到 2006 年的 17 000 所，学生与教师的比例从 2000 年的 60∶1 下降到 2006 年的 48∶1，学生课堂比例从 108∶1 提高到 71∶1。官方净入学率提高到 90% 以上。性别差距缩小，2005 年实现了性别均等。学生通过小学毕业考试的人数比从 2001 年的 74% 提高到 2006 年的 82%。[2] 平均考试成绩在逐步提高。

（二）增加师资力量，改善教师待遇

学生入学人数的增加需要增加教师的数量，同时也需要大量基础设施

---

[1] 资料来源于乌干达教育与体育部网站。

[2] MUHANGI G T. Secondary education in Uganda: resource mobilization and efficiency[J]. Journal of education and practice, 2019, 20(10): 79-90.

投资，包括新教室和教师公寓的建设。工信部制定了目标教育部门背景下的教室、厕所和教师宿舍投资计划。虽然地区之间存在一定的差异，但总的来说，这项措施是成功的。

乌干达中部地区经济繁荣，偏远地区相对落后。偏远地区不可靠的交通和通信网络、崎岖的地形、游牧人口和不安全的社区因素等问题使得大多教师更愿意在城市工作。农村地区教师流失严重，为此，乌干达教育与体育部制定了鼓励教师入驻偏远地区的激励计划。

由于捐赠增加，教师的福利得到改善。2020年乌干达小学教师的薪水从每月280 000乌干达先令提高到了480 000乌干达先令。[1]

大量新教师的招聘和培训需要强化培训计划、扩大培训能力。为此，政府引入了教师发展和管理系统，该系统在培训教师、教育人员管理等方面都进行了创新。政府还对小学教师教育课程进行了修订，旨在通过为期三年的在职培训，帮助未经培训的教师达到乌干达小学的最低教学要求。2006年，未经培训的教师比率从28%下降到11%。[2]

此外，在师资力量不足的情况下，为了调整课堂师生比例，有些学校采用了多年级教学和双班制。多年级教学是应对入学率不足和学校员工不足的有效方法，尤其在人烟稀少的地区，一位老师可以在一个单一的课程中教授多个年级。双班制是一种节省成本的机制，使两组不同的学生可以使用相同的学校设施，比如一组上午使用，另一组下午使用。在乌干达政府和教育部门及社会各界的协调努力下，初等教育面临的这些问题有望逐步得到解决。

（三）提高中等教育覆盖率和入学增长率

乌干达政府制定了《教育战略投资计划（2004—2015年）》，作为《教

---

[1] 资料来源于乌干达教育与体育部网站。

[2] MUHANGI G T. Secondary education in Uganda: resource mobilization and efficiency[J]. Journal of education and practice, 2019, 20(10): 79-90.

育战略投资计划（1998—2003 年）》的延续，开始关注平衡发展中等教育和其他类型的教育，以实现千年发展目标。普及中等教育政策实施后，政府为每所中学提供 700 万乌干达先令的拨款。政府按每个中学生每学期学费 29 420 乌干达先令给校方发放补助，中等职业中学补贴更高。[1] 在无公立高中的地区，学生可选择私立中学学习，政府同样给予补贴。这一政策惠及了城乡低收入群体，扩大了中等教育的覆盖面。

乌干达政府虽然十分重视基础教育的发展，但根据联合国儿童基金会 2020 年的统计数据，其教育经费占国家预算的比例仍低于 15%，低于非洲三分之二的国家。[2] 因此，国家仍需继续扩大基础教育经费的投入。

由于中等教育的低覆盖率是小学到中学的升学率和中学辍学率相互作用的结果，要想提高中等教育的覆盖率，还需要提高小学完成率，减少中学辍学率。这就需要改变单一的教育模式，制定弹性课程规划，减少上学产生的经济负担，通过完善小学教育的相关工作措施来减少小学延迟入学情况、控制留级率、减少学生流失率，促进义务教育财政机制迈向城乡一体化。一方面政府通过各种专项工程进行支持，另一方面引导社会各界加大对农村义务教育的关注和投入。

针对此问题，根据联合国儿童基金会和非洲联盟委员会提出的建议，乌干达政府在以下方面做出了努力。第一，使学校更加包容，着力关注辍学群体。对中学年龄段中的个人未能接受教育的根本原因进行调查。制定具体的政策消除年轻人在接受中等教育时面临的主要障碍。推行一些措施来激励更多的青少年留在学校，如儿童津贴这样的社会保护方案。第二，从早期阶段开始注重基础性学习，提高学习水平。在小学阶段强调以基础阅读和数学为重点的教学来提高整体教学质量。大力推广识字和算术，并鼓励学校寻找创新方法提高学生的基础学习技能。第三，鼓励学校成为学

---

[1] 资料来源于乌干达统计局网站。

[2] 资料来源于联合国儿童基金会和非洲联盟委员会网站。

生安全和健康的避风港。新冠肺炎疫情期间，为学校制定健康卫生指南，配备基本的设施，制定详细的学校卫生标准。第四，发展高效创新的教育融资机制。新冠肺炎疫情期间，更有战略性地重新分配教育资源，提高资金使用效率，改善教育数据和教育管理信息系统。[1]

经过乌干达政府的不断努力，教育服务的管理有所加强，效率有所提高，小学到中学的升学率大幅提升。

（四）加强教育资源建设，缩小差异

学校数量不足，教学资源有限，人们无力支付学费，这些都会限制教育目标的实现，尤其是乌干达中学教育教学质量偏低，已经引起了政府重视。2020 年以后，在穆塞韦尼总统的领导下，乌干达政府倡导在中学里建造更多的教室和教师宿舍，发展信息通信技术，并将其应用到教育课程中。

为了扩大中等教育资金来源，近年来，乌干达的教育部门努力从比利时、荷兰、欧盟和爱尔兰获得了财政援助。日本国际协力机构、美国国际开发署、德国国际合作机构等向乌干达提供了预算外项目援助和经济援助。

为了缩小教育差异，加强教育公平，乌干达政府还采取了以下措施。比如，针对弱势群体儿童的教育问题，教育部在首都坎帕拉实施城市贫困地区基础教育项目，该项目主要针对失学儿童和那些没有机会在全国主要城市地区上学的适龄儿童。政府还推出了小学教育的补充机会计划，该计划是专为 10—16 岁儿童设计的非正规教育计划，帮助从未上过学或中途辍学的孩子获得识字等基本技能。该计划在阿鲁阿、卡穆利、马萨卡、穆本迪等十个地区实施，由联合国儿童基金会提供技术和资金支持。另外，政

---

[1] 资料来源于联合国儿童基金会和非洲联盟委员会网站。

府还推出了以儿童为中心的社区非正规替代教育，该项目是为外出的游牧牧民儿童设立的政策，主要帮助在学校覆盖不到的纳卡松戈拉等区实施普及初等教育政策，后来一直扩展到卢韦罗和瓦基索地区。此外，政府还在教育与体育部成立了一个单独的部门来帮助有特殊学习需求的儿童。

为了促进基础教育中的性别平等，乌干达政府已发起了一系列运动，以增加小学女生的人数。比如，乌干达参与了非洲女童教育运动，该运动的目标是提高女童入学率，发展她们的领导能力和技术技能，并为有特殊需要的女童提供帮助。

全球新冠肺炎疫情期间，乌干达政府努力寻找适合当地实际情况的现代教育技术平台。2021年，乌干达政府为每个村庄配备两台电视机，方便学生在家接受远程教育。为了恢复教学，乌干达政府还为中小学阶段开发了一套"节略课程"，并针对课程组织了专门的教师培训。此外，政府还开发了在线学习机制和支持家庭学习的学习材料。疫情暴发后，中国驻乌使馆向乌干达穆科诺地区卡萨沃中学提供了教学办公设备和文体用品，向乌干达卡农古区中乌友谊学校捐赠了一大批防疫物资，以保障学校复课后师生的安全。在乌中资企业则积极助力乌干达开展基础设施建设，在当地修路架桥，积极履行社会责任，助力所在社区修建学校和医院。

可以说，乌干达正处于一个教育发展新时代的起跑线上，尽管存在这些挑战，在基础教育改革、创新和研究方面仍有很长的路要走，但同时也充满机遇和潜力。只要各界协同努力，坚持教育改革，加大投入，促进教育公平，相信这些问题都将逐步得到改善。

第六章 高等教育

作为曾经的英国殖民地，乌干达高等教育的发展很大程度上受到了西方国家的影响。20 世纪 80 年代以来，乌干达政府推行了高等教育自由化改革，成为非洲高等教育和全球发展中国家教育改革的焦点。进入 21 世纪以来，乌干达政府在国家整体发展战略框架下，更加重视高等教育的发展。

第一节 高等教育的历史和现状

近年来，随着全球化进程的加速，乌干达的高等教育亦呈现出本土化、区域化与国际化互相作用、相互依存、既对立又统一的态势。本节主要介绍乌干达高等教育发展的历程及现状。

一、高等教育的发展历史

1988 年之前，乌干达只有一所大学——麦克雷雷大学。该大学是乌干达规模最大的高等学府，也是非洲最古老的大学之一，可追溯到 1922 年初创立的乌干达技术学院，该学院同年更名麦克雷雷学院。1949 年，麦克

97

雷雷学院成为伦敦大学的附属学院。1963 年，与肯尼亚的内罗毕大学和坦桑尼亚的达累斯萨拉姆大学组建成了东非大学。[1]1970 年，根据《国会法案》该学院成为独立的国立大学，改名为麦克雷雷大学。作为世界大学联盟成员，麦克雷雷大学可以说是乌干达高等教育的一颗璀璨明珠，也是乌干达一直以来引以为豪的高等教育学府。非洲许多国家的政治首领都是麦克雷雷大学的校友，如乌干达前总统米尔顿·奥博特、肯尼亚前总统姆瓦伊·齐贝吉、坦桑尼亚前总统朱利叶斯·尼雷尔以及本杰明·姆卡帕。麦克雷雷大学至今已培养近 10 名非洲总统及数十名部长。

自 20 世纪 60 年代非洲独立运动至今，在非洲出现了很多试图改变高等教育的尝试。乌干达麦克雷雷大学社会研究中心主任，美国哥伦比亚大学人类学、政治学与非洲研究讲座教授穆罕默德·马姆达尼 [2] 在上海大学演讲时指出："非洲大学不是殖民化的产物，而是民族独立浪潮的产物。"[3] 也是因为这个原因，非洲很快出现了民族主义的问题。包括乌干达在内的许多非洲国家在独立之初就表现出了大学与民族主义的矛盾关系。独立之初，非洲化和去殖民化成为首要诉求。麦克雷雷大学是当时唯一一所提出把教职员工非洲化作为第一要务的英属东非殖民地大学。乌干达独立后，独立政府任命了新的大学管理者，并在高等教育中开启了改革。改革的第一步是实现了学术与行政人员的非洲化，教职人员全部换成非洲人。许多年轻的非洲学者因此受益，短时间内被迅速拔擢成为教授或院系行政事务管理者。非洲化的完成可以说是广泛的民族主义阵营的初步胜利。这种改变很容易产生效果，但很快也出现了问题。根据穆罕默德·马姆达尼的观点，当政

---

[1] 1963 年 6 月 29 日东非大学的成立标志着麦克雷雷大学与伦敦大学学院的附属关系结束。1970 年东非大学的解体使麦克雷雷大学成为乌干达共和国的一所独立国立大学。

[2] 1946 年出生于印度孟买，乌干达印度裔人类学家，著有《公民与子民：当代非洲与晚期殖民主义的遗产》等。

[3] 马姆达尼. 非洲大学，关照现实还是追求卓越——马姆达尼在上海大学的演讲 [N]. 周程祎，译. 文汇报，2016-08-19.

府和学校意见一致时，去殖民化的目标很容易达成，但政府独裁的情况下，则出现了矛盾。[1] 当乌干达执政党试图在单一政党的体制结构中强化其权力时，麦克雷雷大学再次成为一片绿洲。因为大学里学术自由的氛围和实践使得那些与执政党有不同意见的言论得以发声。麦克雷雷大学可以说是乌干达当时最重要的国立大学，这里显露出了"民族主义与知识分子之间的张力"[2]。尽管大学是独立运动的产物，或者说民族主义抗争的结果，但此时麦克雷雷大学与大权在握的民族主义者发生了冲突。一部分人主张依附理论，另一部分人提倡民主，认为大学本来就应该倡导言论自由，应该去种族化，敞开大门向世界开放。所以捍卫权利和追求平等之间的矛盾凸显。大学发展的转折点是刊物《过渡》[3] 的诞生。《过渡》原本的设计就是要作为东非作家与知识分子的文艺喉舌，它也被许多人视为非洲知识分子重要的舆论阵地。创建《过渡》的同一群人，也开启了城市里的公共辩论。政府的知识分子以及麦克雷雷的学者们，特别是司法部部长阿道克·尼琼和麦克雷雷大学教授、政治与公民行政系主任马兹鲁伊教授针对公众利益的议题展开了辩论，并引发了在德雷莎兰大学的罗德尼与马兹鲁伊教授的进一步辩论：前者主张学者应加入深化民族独立的抗争，后者认为应聚焦在内部的民主抗争。因此，马兹鲁伊教授被认为是第一个从民主的立场批判民族主义的学者。有趣的是，马兹鲁伊教授正是在改革之初从牛津大学博士毕业回到乌干达，在去非洲化浪潮中被提拔为麦克雷雷大学最年轻的教授，并担任政治与公民行政系主任的。

　　1988 年，在伊斯兰合作组织的资助下，乌干达第一所私立大学——乌

---

[1] 马姆达尼. 非洲大学，关照现实还是追求卓越——马姆达尼在上海大学的演讲 [N]. 周程祎，译. 文汇报，2016-08-19.

[2] 马姆达尼. 在公共知识分子与学者之间：去殖民与非洲高等教育在独立后的一些尝试 [J]. 王智明，译. 热风学术，2017（1）：81.

[3] 英文名称 Transition，发行时间为 1961—1968 年，由内沃基（Rajat Neogy）主编并有一班学者与知识分子的加入，《过渡》是介于期刊与杂志之间的混杂性刊物。

干达伊斯兰大学创立。可见，乌干达的私立高等教育发展历史相对较短。乌干达伊斯兰大学创立之初仅有 80 名学生，两个院系。后来入学人数不断快速增长，成为高等教育中"最具活力、发展最快的部分"[1]。私立高等教育机构的出现是乌干达经济走向自由化、私营部门快速发展的表现。

20 世纪 90 年代，乌干达进行了高等教育自由化改革，开放了高等教育市场。随着市场力量进入高等教育部门，与非洲其他国家和世界上其他国家地区一样，乌干达自改革以来也经历了高等教育的快速扩张阶段。

乌干达的高等教育自由化改革为全球发展中国家的高等教育改革提供了参考，也对处于全球教育治理背景下的非洲民族国家如何处理本国力量与全球力量之间的关系有一定的借鉴意义。这次改革无疑是一次成功的典范，得到了国际社会的广泛赞誉和认可。

2001 年，乌干达颁布了《大学和其他第三级教育机构法》。2002 年乌干达全国高等教育委员会成立。2003 年和 2006 年又对该法案进行了修订。2011 年制定了《国家科学、技术与创新规划（2012/2013 年至 2017/2018 年）》。从这些举措可以看出，乌干达政府在 21 世纪前二十年非常重视高等教育的发展，高等教育在科技创新、人才培养和国家科学技术进步中起着重要作用。

回顾乌干达高等教育发展的历史可以看出，高等教育的发展受国家整体战略调整的影响。乌干达的高等教育改革为世界上，尤其是非洲经济欠发达国家和地区的教育发展提供了典型的案例。

---

[1] MUGABI H. Private university in Uganda: growth and role(s) in the provision of higher education[R]. Kampala: Kampala International University, 2009.

二、高等教育的发展现状

（一）高等教育普及和发展程度

2018 年世界银行发布了一份《在撒哈拉以南非洲少数人以外共享高等教育承诺》的报告，其中指出在接受高等教育机会方面，撒南非洲的贫富分化非常明显。即便是非洲富裕阶层，其高等教育毛入学率依旧低于全球平均水平。[1] 2022 年，整个非洲高等教育的平均毛入学率为 15%，整个东非地区平均为 9.4%，而乌干达的高等教育毛入学率仅为 6.83%，远低于东非地区平均水平。[2]

在东部非洲的国家中，乌干达是高等教育体系发展较为迅速的国家之一。其高等教育质量保障体系在过去的一个世纪中已经完成了从自主型到控制型再到合作型的模式转变。经过长期的发展，乌干达已经初步形成了由国家、高校和地方多层次参与和合作的开放式高等教育质量保障体系。

位于首都坎帕拉的麦克雷雷大学是乌干达最好的、最古老的大学，该校是非洲高等教育的典范，在非洲一度享有盛名，曾被誉为"非洲的牛津"。经过多年的精心办学和励精图治，如今的麦克雷雷大学一直在非洲一流大学排名中榜上有名，约在 9—12 名。在 2021 年 QS 世界大学排名中，麦克雷雷大学的世界排名在 1 001—1 200。在 2022 年 6 月 8 日发布的 2023 年度最新的 QS 世界大学排名中，进入榜单的非洲大学有 32 所，其中麦克雷雷大学为乌干达唯一上榜大学，全球排名 1 201—1 400。与 2009—2012 年

---

[1] 人民网. 非洲高等教育在均衡路上跋涉 [EB/OL].（2018-02-06）[2023-02-25]. http://edu.people.com.cn/BIG5/n1/2018/0206/c1053-29808200.html.

[2] 浙江师范大学国际与比较教育研究院微信公众号. 乌干达高等教育第四通道：高等教育证书课程 [EB/OL].（2022-09-16）[2023-02-25]. https://mp.weixin.qq.com/s?__biz=MzIwNDQ1OTcxOA==&mid=2247486122&idx=1&sn=d100068a19272e1ac870d185cb31573c&chksm=973e9103a0491815e265475e5c943520f3e45ee92ea91f67011af735d6d58a23627e13de8d3b&scene=27.

排位 1 500 多名相比，进步颇大。[1] 在 USNEWS 2017 年世界大学排名榜上位于 569 名，2021 年世界大学排名中排 631 名。在 2021 年的 TIMES 排名中位于第 401 名。

高等教育的发展需要立足本土培养人才，体现非洲特色，但在高等教育的非洲化落实上却是困难重重，存在许多制约因素，比如乌干达的高等教育发展就面临资金不足、人才流失、质量保障体系不健全等问题。

近年来，乌干达政府有支持高等教育、发展科学技术与创新的意愿，在国内良好的政策环境下，相信乌干达高等教育机构在与政府及外部机构合作中可以更好地发展，同时也进一步推动自身科研创新和办学质量的提升。

（二）学校类别和规模

从类别上，乌干达的高等教育机构分为公立和私立两大类，可大致分为大学、大学学院、具有学位授予资格的院校和其他第三级教育机构。从类型来看，私立高等教育机构主要是大学、神学院、工商学院、教师学院、管理或社会发展学院和卫生学院，占了总数量的四分之三左右；酒店与旅游学院、航空学院、石油学院、气象学院、传媒学院和艺术与设计学院属于新兴的高等教育机构，所占比例约为四分之一。

从性质上看，乌干达的私立高等教育机构分为非营利性和营利性两类。在乌干达，信奉基督教和天主教者各占约 40%，其余的人信奉传统宗教、伊斯兰教。非营利性的高等教育机构多数由宗教机构创办，比如第一所私立大学乌干达伊斯兰大学，还有乌干达基督教大学、乌干达殉道士大学等，这些大学具有鲜明的宗教特色。乌干达基督教大学是于 1997 年由乌干达圣公会成立的。

其余大多数私立大学属于营利性的高等教育机构，比如坎帕拉国际大

---

[1] 资料来源于 QS 世界大学排名。

学、成立于 1992 年的恩德杰大学以及成立于 2008 年的乌干达国际健康科学大学都是营利性私立机构。还有一些跨国高等教育机构，比如得到乌干达政府批准办学的印度的锡金马尼帕尔大学国际商务与技术学院。

2018 年，乌干达高等院校总数为 241 所，其中，公立大学有 9 所，私立大学有 44 所，其他学位授予机构有 10 所，其他高等院校有 178 所。[1] 统计数据显示，2018/2019 学年，乌干达学生总入学人数为 275 254 人，其中大学的注册学生人数仍然最高，为 192 346 人。[2]

麦克雷雷大学是乌干达独占鳌头、首屈一指的高等学校，目前共有 10 个学院，其招生数量占全国大学招生数量的 95%，其余 5% 分布在姆巴拉拉科技大学、恩德杰大学、乌干达烈士大学等其他几所大学里。在过去十年间，乌干达高等院校招生数量增加了 90% 以上，而大学数量同期只增长了 1.8%。[3] 根据 2022 年 UniRank 排名，乌干达高校排名在前十位的大学是麦克雷雷大学、乌干达基督教大学、坎帕拉国际大学、姆巴拉拉科技大学、基扬博戈大学、乌干达烈士大学、古卢大学、布西特玛大学、乌干达科技管理大学和坎帕拉维多利亚大学。[4]

（三）高等教育的学制

乌干达高等教育学制的长短因开设专业和高等教育机构类型不同而有所差别，但总的来说，大学教育一般为三到五年。以麦克雷雷大学为例，该大学设有教育、文学、社会科学、农学、自然科学、法律、艺术、林学、医学等专业，均招收高中毕业的优等生，但根据专业的不同学习时长也不同，比如要取得学士学位的话，该大学的医学，包括兽医学专业学生需要

[1] 资料来源于乌干达全国高等教育委员会网站。

[2] 资料来源于乌干达全国高等教育委员会网站。

[3] 资料来源于 globserver 网站。

[4] 资料来源于美国 TFE TIMES 网站。

学习四到五年，而有些系的学生只需要三年。此外，麦克雷雷大学还开设了一些学制相对灵活的专业课程，比如工业技术课程，分为两年制普通证书课和四年制高级证书课。在商学院，课程也分高、低两级，培养的目标分别是高级商业人员和中级商业人员。另外，在教育系还有针对培养中学技术课教师的一年制的专业课程。

2022年3月，乌干达全国高等教育委员会还在全国所有大学和学院推出了高等教育证书课程。该课程是在原有的直接入学方案、毕业证书入学方案和大龄学生入学方案的基础上，为那些在乌干达高级教育证书考试中未取得大学直接入学资格的学生提供了一条免于复读、进入大学学习的通道。

综上，高等教育证书课程、专业课程、本科课程、研究生课程都属于高等教育的不同级别类型，其学制也会根据教育类型有所不同。乌干达教育资格框架共把受教育程度分成九个级别，见表6.1。

表 6.1 乌干达教育级别与所获证书/资格 [1]

教育级别	教育阶段	所获证书/资格
一级	小学教育	小学结业证
二级	中学教育	乌干达教育证书（O级）
三级		乌干达高级教育证书（A级）
四级	高等教育	大学基础课程高等教育证书
五级		普通专科
六级		高等专科
七级		学士
八级		硕士
九级		博士

---

[1] 资料来源于乌干达教育与体育部网站。

其中，高等教育水平被划定为四至九级，每一级分别对应不同的学习成就。除了学制的不同，从四级到九级，每个级别在水平、知识、技能方面对学生的要求也各不相同。

（四）教学资源与教学活动组织方式

乌干达高等教育基础设施比较落后，图书馆、实验室、教室、运动场、学生公寓、食堂等数量不足。随着高校办学规模的扩大，校园基础设施建设存在的短板也日益明显。有的校园校舍破旧，教学和办公场所面积不足，和教育与体育部规定的校园校舍标准面积存在差距，需要加大基础设施的投入力度。

外资资助进行基础设施建设工作是改善上述问题的途径之一。比如乌干达教育与体育部与比利时开发署联合开发项目，由比利时政府资助，乌干达教育与体育部建筑设计师设计的国家师范学院就是一个典范。2022年8月，乌干达国家师范学院项目获得了该年度"公益建筑"类别的公共奖项Architizer A+奖。国家师范学院是乌干达卡里罗和穆本德附近大型校园翻新和新建设工程，其中翻新建筑有24座，新建筑有8座，包括学生宿舍、教工住房、教室、运动设施、节能厨房、可持续能源设施、食品生产设施和垃圾回收系统。

图书馆是高校教学、科研的重要场所。乌干达属于比较重视图书馆建设的非洲国家之一。西方殖民者最早在乌干达创建了一些教会图书馆和公共图书馆，1964年乌干达还出台了《图书馆拨款法》，东非图书馆协会也在乌干达建立了分会，但乌干达高校图书馆的规模和数量都难以满足高等教育需求，且大多数图书馆十分缺乏经费，藏书陈旧，配套服务不到位，网络覆盖面不够广，资源利用率低。

总的来说，乌干达现有的高等教育教学资源仍然比较短缺，包括教室、资金、教学材料、人力资源等。也是由于这个原因，在乌干达高等教育机构开设的课程中，除了学位课程和研究生文凭课程外，有相当比重的课程被安排在晚上和周末。根据 2011 年全国高等教育委员会的统计数据，夜间课程比重约占 29.7%，周末课程占 9.8%，另有一百多门远程教育课程。[1] 2022 年 9 月 27 日，联合国教科文组织高等教育创新中心（中国深圳）和乌干达著名学府麦克雷雷大学联合举行了智慧教室项目落成典礼。该智慧教室的建成既为乌干达高校教学质量的提升提供了支持，也为乌干达高校教学的数字化转型起到了巨大的推动作用。

第二节 高等教育的特点和经验

高等教育的改革和发展走向是社会广泛关注的问题之一。乌干达作为一个非洲发展中国家，教育基础薄弱。在自由化改革之后，高等教育机构中的私立高等教育学校增多，呈现多样化的特点。

一、高等教育的特点

（一）分化明显，衔接不足

一般来说，一个国家高等教育体系的变革受制于该国的国家中心战略与市场导向。为满足社会多样化的需求，高等教育体系会不断进行垂直分化和水平分化。发展中国家常常采用国家中心战略来推进行业高等教育体

---

[1] 资料来源于乌干达全国高等教育委员会网站。

系、区域高等教育体系的完善以及高等教育体系的现代化。分化与整合是高等教育系统的两大基础功能，也是其典型特点。

在乌干达，高等教育体系分化的潜在主要原因既包括市场导向，也包括该国的教育需求。随着高等教育学校招生数量和入学人数的不断增加，学生的能力差异与兴趣差异也不断分化，加之经济发展衍生出的岗位需求种类增多，这要求乌干达的高等教育在发展过程中为受教育者提供更多类型的学习机会，来满足学生们获取不同知识和技能的需求，因此，除了大学以外，还出现了大学附属学院、非研究类大学和专门理工类或技术培训类机构，近年来也出现了新兴的酒店与旅游学院、气象学院、航空学院、传媒学院等。另一种分化表现为宗教性的、国际性的办学机构和实体的增加。这类机构既有营利性的，也有非营利性的；既有传统授课形式的，也有远程授课形式的；既有全日制学校，也有非全日制学校；既有寄宿学校，也有非寄宿学校。分化程度不断增加，就连同一所大学内各院系和专业也出现不断分化。

分化与衔接是衡量高等教育是否与本国经济协调发展的一个指标。高等教育如果缺少分化，也就缺少活力了。但是也需要根据社会经济发展做出合理调适。作为调控过度分化的有效手段，衔接可以形成目标一致、协调发展的有机整体，促进资源共享。乌干达高等教育的层次和类型繁多，办学主体和专业设置分化明显，那么高等教育目标的实现就需要在分化和衔接上、在趋异与趋同上实现平衡，既要满足高等教育多元化、差异化，也要通过引导与调节进行重组，实现内外的整合以及目标的一致，这样才能实现高等教育的健康、可持续发展。

（二）具有国际化理念

在高等教育的全球化和国际化背景下，与不断受益的发达国家相比，发展中国家面临多方面的挑战，尤其是经济基础薄弱的非洲发展中国家，大多是在毫无准备的情况下被卷入了全球化浪潮中。但像乌干达这样的国家却采取了积极应对的态度来迎接全球化的进程和影响。

对乌干达这一非洲国家来说，高等教育的国际化并不是一个新的概念。20 世纪五六十年代，联合国教科文组织高等教育发展会议在马达加斯加举办，就是对非洲大学赋予国际使命的体现。当时会议以"非洲大学的国家和国际使命"为主题，探讨了国际化给非洲大学发展带来的好处——"增加了与欧洲和非洲大学合作的机会并帮助他们的学生接受世界一流的培训，这将增强学生们与世界各地的毕业生竞争的能力。"[1] 作为东非大学分化出来的一部分，乌干达的麦克雷雷大学也早已在发展历史和办学定位上拥有了浓厚的国际化色彩。乌干达曾是英国殖民地，英语的使用为乌干达学生出国留学提供了良好的语言基础。

1980 年，乌干达、肯尼亚和坦桑尼亚的三所知名大学的校长签署了建立东非大学校际理事会的协议，并将总部设在乌干达首都坎帕拉。2007 年，东非大学校际理事会又吸纳了卢旺达和布隆迪的大学作为成员。2009 年《东非大学理事会法规》出台，为统一的东非地区高等教育质量保障形成提供了支持，为促进东非地区教学互鉴、教育协调发展、国际交流等提供了保障。

2010—2012 年，乌干达教育与体育部与全国高等教育委员会、英联邦秘书处以及乌干达各大学合作，推出了乌干达高等教育市场开发计划，为吸引国际学生到乌干达留学创造了条件。2012 年还在卢旺达举办留学乌干达教育展。2013 年在乌留学生人数最多，超过 21 000 人。[2]

美国和英国是最受乌干达学生欢迎的留学目的地国家，南非紧随其后，是非洲大陆的教育强国。其他东非共同体国家，如肯尼亚和卢旺达也很受

---

[1] ANDOH H, SALMI J. The internationalization agenda of African universities in the next decade[J]. Journal of international higher education, 2020, 3(1): 30-32.

[2] 资料来源于世界教育新闻与观察网。

欢迎。沙特阿拉伯和马来西亚等穆斯林占多数的国家也吸引了大量乌干达学生。乌干达庞大的穆斯林人口和该国在伊斯兰合作组织的成员资格在将乌干达学生输送到这些国家方面发挥了重要作用。2012 年沙特阿拉伯政府为乌干达学生提供了全额奖学金，此后，在沙特阿拉伯学习的乌干达学生人数急剧增加。

乌干达的高等教育机构也非常重视学生的交换项目，许多乌干达的大学积极与国外大学签署合作备忘录及学生交换项目协议。东非大学校际理事会也设有学生交换项目。乌干达的高校还非常重视高校教师出国培训，鼓励年轻教师通过福特基金、英联邦奖学金等资助到国外，尤其是英语国家读博、进修或访学。

此外，乌干达的许多高等教育机构积极加入包括非洲大学校际理事会、英联邦大学联合会等国际组织，并积极组织教育访问团到亚洲、欧洲、美洲等国家的知名院校进行访问学习，邀请南非、肯尼亚等国外高校的专家参与本国硕士、博士论文答辩和毕业展览，并进行打分评估。

二、高等教育的经验

乌干达高等教育在其发展的过程中也有一些值得其他发展中国家，尤其是非洲发展中国家借鉴的经验。上文提到的国际化是重要经验之一，此外，乌干达高等教育自由化改革的成功经验也为许多非洲国家提供了典范，值得许多国家借鉴。

20 世纪 80 年代末，国家视察委员会与教育政策检查委员会注意到高等教育存在财政困难和教学资源不足的问题，对此提出了改革建议，认为高校的教育成本需要分摊，从而推动了大学私有化进程。1989 年，高等教育自由化改革开始试行。第二年麦克雷雷大学实施了成本分摊政策的初步尝试。1993 年，高等教育自由化在乌干达开始正式实施。

自由化改革的目的之一是解决高等教育过分依赖国家财政导致的资金困难问题。通过自由化改革，资金支持的渠道得以拓展，高等教育通过收取学费、增设夜校、开设职业和专业性较强的课程吸引自费生等方式逐步提高了创收能力和自主办学能力，财务状况得到了极大改善。大学对这些创收拥有更多的支配权，可自主进行资金使用和资源配置，比如麦克雷雷大学建立了新的图书馆，资助其教师赴国外攻读博士学位，增加科研投入，提高教师待遇。在大学内部的各院系也拥有部分财政自主权，可以通过创收获得部分收入，院系可以通过财务委员会向学校定期进行财务收支情况的汇报。各学院亦可借此机会进行深入交流，相互借鉴。大学在教师待遇、人才培养投入及设施改进等方面的这些变化又会吸引更多的人才，提高了学校办学积极性和教师教学的积极性，从而也吸引更多的自费学生加入，形成良性循环。

自由化改革也使高校与政府之间的关系发生了巨大转变。在自由化改革之前，高校过分依赖政府的支持，比如麦克雷雷大学作为国家公立大学，学生学费全免，全部由政府承担，这造成了政府财政压力巨大。自由化改革之后，政府在高等教育中的角色开始逐渐淡化。2001 年《大学和其他第三级教育机构法》的颁布使得乌干达的高等教育有了一个统一的指导框架。高等教育的管理体制从以政府为主的单一的、自上而下的直接管理逐渐变为多元化、多层次、多方位的管理模式，而同时成立的全国高等教育委员会又为乌干达的高等教育质量监管提供了标准和要求。在大学内部，原来由政府直接任命的大学管理者和负责人组成的校务委员会在成员构成上也有了调整，人员不再单一来自政府代表，而是增加了科研人员和学校其他行政人员。另外，大学里还成立了教师联合会和学生团体，有些学生代表被纳入学校部分行政部门的兼职工作岗位，这些部门不定期与学生代表召开座谈会或见面会，了解学生的需求，接纳学生的建设性意见，尤其在一些涉及学生利益或学校生活相关的方面积极听取学生代表的意见，同时向学生代表转达或解释学校相关部门制定的政策，减少学生与学校管理者之间的对抗，建立更加和谐的关系。

第三节 高等教育的挑战和对策

乌干达的高等教育改革总的来看是成功的，但是这种自由化改革也有一些令人担忧之处。本节主要就乌干达高等教育面临的挑战进行分析，并说明乌干达政府采取了哪些应对措施。

一、高等教育面临的挑战

与其他非洲国家一样，乌干达高等教育也面临各种挑战，其中比较突出的挑战有教育公平性问题、学术质量下滑等。

（一）高等教育公平性问题

在乌干达，高等教育的不公平现象主要体现在以下两个方面。一是受教育的对象群体范围有限。近年来各阶段教育的普及率提升，入学人数增加，从表面上看似乎是扩大了受教育的群体，但事实上，范围却非常有限。高等教育的公平性与基础教育的发展状况密切相关，许多高等教育奖学金的获得者恰恰是在基础教育阶段获得了良好教育资源的学生，这些学生往往来自经济条件优越的家庭或者来自教育条件良好的学校。由于能获得这些优质基础教育机会的家庭多是收入较高或社会阶层较高的群体，穷人家的孩子因为支付不起具有优质教育条件的国际学校或私立学校的学费而从一开始就输在了起跑线上，失去了与富人家孩子竞争的机会。

同样道理，乌干达高等教育的自由化改革，使得高等教育逐渐私有化和商业化，这在表面上看是入学人数增加了，学校向更多的群体开放了，有些学生通过自费的形式也可以就读高校了，但可想而知，这些通过自费招生入学的学生也就是高等教育的主体生源，大多来自富裕家庭。而且大多数由国家支付教育费用的学生也来自富裕阶层。因此，有些高等教育的入学机会不是由学生的学习能力决定的，而是由家庭经济收入决定的。在市场化的冲击下，高等教育的商业化导致了出身不同的受教育者之间的不公平竞争。此外，高等教育入学群体存在性别差异。男女比例失调，女生受教育机会比男生少。

二是高等教育资源分配不平衡。这一点主要表现为高等教育机构地区分布不均衡与教育资源分配不均衡。一方面是地区分布不平衡，比如乌干达的首都坎帕拉集中了大量的高等教育机构，而其他地区的高等院校数量非常少。大部分高等教育机构集中在中部和南部，北部地区较少。另一方面是等级化的高等教育体系也意味着资源在高等教育机构内部的分配不均等。教育条件差距悬殊，不同的等级代表着不同的资源。处于高等教育体系顶端的机构无论在入学招生、学生就业、教师招聘还是在学术成果、人才培养、政府资助等方面均具有明显的优势。而且由于历史和现实的原因，不同层级高等教育机构之间在资源获取方面的差距很难在短时间内得到解决，这种不均衡还会加剧社会不公和两极分化。

（二）学术质量下滑

乌干达高等教育自由化改革之后，一些问题也开始凸显出来，其中比较明显的就是学术质量下滑。许多私立大学及其他第三级教育机构为了盈利，往往开设许多面向市场需求的短期的技术性课程，如会计、计算机、营销等，却不愿意发展国家需要但投入多产出慢的科学类课程，如工程、农学、医学等。虽然不是每一所大学都需要成为研究型大学，但是在乌干达研究型大学的数量本来就不多，学术专业化和高标准的规范在一些私立学校更是难以实现，这就导致了国家整体学术质量的下滑。《乌干达高等教育研究》谈到自由化改革给麦克雷雷大学带来的消极影响："尽管改革带来了在校生人数的迅猛增长和新的财政资源，但是财政资源的增加并没有转变成能给学术产出带来积极影响的教育过程的改进，相反，在改革中出现了学术标准和学术质量的下滑。"[1] 学生数量的急剧增加，配套设施陈旧，师生比不合理，这些随之产生的问题使得麦克雷雷大学在非洲的影响力与之前相比大打折扣。

二、高等教育发展的对策

（一）采用各种平权措施减少受教育机会的不公平性

受教育权的不公平会导致贫富分化加剧，解决教育不公的方法之一就是采用教育平权。所谓平权，即让处于劣势的部分群体能够享有一部分额外的福利或权利，使之与其他群体在事实上形成相对平等。

最常见的平权措施之一就是采用配额制，包括固定配额和非固定配额。这一政策并不罕见。世界上有不少国家都出台了针对贫困地区和部分民族的教育平权政策，对高等教育中的弱势群体进行适当倾斜，以强化教育公平的理念。比如美国许多高校，包括公立大学和私立大学在招生时为保障

---

[1] 郑崧. 乌干达高等教育研究 [M]. 长春：东北师范大学出版社，2016：58.

生源的多样性，都曾推出过"族裔配额制"。在乌干达，高等教育的平权措施中也曾采用教育配额制。2005年，乌干达政府指出，将高等教育中的公费生名额的四分之一（约一千个名额）拿出，通过政策倾斜的方式，分配给偏远地区的学生、高水平运动员和残疾学生。

在平权的过程中要处理好公平与效率的关系，既要保障各地区各群体的均衡，又要择优选择学生；既要维护弱势群体的受教育权利，又要保障公平竞争，防止腐败和违规操作。

第二个常见的教育平权措施就是向贫困生、残疾学生等弱势群体进行政策倾斜，增加弱势群体的入学机会，扩大高等教育的社会受益面。比如早在20世纪90年代，乌干达政府就推出了贫困生助学计划，也就是勤工俭学计划。但这项计划在具体执行中效果不佳，仅实行了三年就被政府叫停。当时政府提出的学生贷款计划也因资金问题没能实施。直到2013年，乌干达政府才正式推出了大学生贷款体系。助学贷款政策对促进乌干达高等教育的公平发展有重要意义。一方面，助学贷款使贫困生得到了经济资助，解决了他们因学费问题无法入学的后顾之忧，因而减少了高等教育入学机会的不公平。另一方面，助学贷款对减少学生在就读过程和就业择业中的不公也有一定的影响，助学贷款带来的激励学习、积累社会资本等多重效应，也是帮助贫困生在课外培训、就业选择等过程中实现公平的主要途径。

教育平权的另外一个措施是努力缩小性别差异。比如麦克雷雷大学设立了女性奖学金基金会，旨在提高麦克雷雷大学本科女生的入学率，且优先考虑来自乌干达境内弱势背景和偏远地区的申请人。2021年麦克雷雷大学的大学委员会将女大学生奖学金名额翻番，通过了40名女大学生的奖学金申请。自2001年以来，已有1 020名成绩优异但家境贫寒的女大学生得到资助，在麦克雷雷大学不同学院就读。其中有74名是由麦克雷雷大学通过女性奖学金基金会的学费减免计划直接资助的。[1]

---

[1] 资料来源于麦克雷雷大学网站。

采取平权措施，还体现在实现教育资源配置的均衡上。2014 年，乌干达出台政策，规定教师在同一所学校任职的时间不超五年，2015 年对全国 1 276 名教师的任职地点进行了调整，其中麦克雷雷大学有 18 名教师调整了任职学校。[1]

针对区域之间、城乡之间的资源配置失衡，乌干达政府为每个乡镇至少建设一所中学，从中学教育阶段扩大地区平衡，增加受教育的机会，这也为缩小高等教育的入学生源地区差异打下了基础。

（二）采取积极措施，提升学术质量

第一，提升教师待遇，增强师资力量。教师的素质高低对教学质量的好坏起着关键作用。乌干达政府承诺上调教师工资，以防止人才流失，提高教师的工作积极性。

第二，创新科研管理，构建高质量学术制度。政府倡议高校通过激励政策，实施人才强校方案，加强教学、科研支撑，鼓励教师申报项目，撰写论文和专著，建立完整的培养体系，培养学科带头人和骨干教师，创新教师的评价制度，来逐步提升高校教师学术能力，并为他们提供制度保障与资源支持。同时，在科研经费使用上简化程序、增加智力投入和自主支配的份额。建立恰当的奖惩制度，强化监督机制，查处学术不端现象，逐步形成崇尚学术的氛围。

第三，加强学术资源建设，优化资源合理配置。为提高师生的网络资源使用效率，图书馆就信息检索和文献查询等方面组织开展了有针对性的培训，并提供远程咨询服务，为教学科研的提升保驾护航。高校可通过资源的协调配置最大限度地利用资源，在注重特色基础上，均衡各学科的发

---

[1] 中华人民共和国商务部. 乌干达教育行业调研报告 [EB/OL].（2015-09-25）[2023-07-10]. http://ug.mofcom. gov.cn/article/ztdy/201509/20150901122867.shtml.

展，加强学科平台建设，促进学科发展。

第四，促进学术交流与合作。政府积极鼓励各学院教师开展国内和国际交流，开阔视野，打造开放、交流、合作、互鉴的学术环境，进一步加强与全国高校及其他国家高校的交流与合作，推动学术发展，提升学术水平。

（三）创新教育模式，消除疫情影响

2020年7月乌干达全国高等教育委员会发布了《高等教育机构在线教学指南》，宣布高校在封校期间继续开展远程教学。

自21世纪初以来，乌干达的公立和私立大学一直在使用虚拟学习环境（Virtual Learning Environment，简称VLE）来支持混合学习。这为新冠肺炎疫情后的教学打下了基础。VLE的可访问性对用户参与度和学习效果有很大影响。麦克雷雷大学于2003年开始使用虚拟网络学习系统Blackboard，其他大学也陆续开展混合式教学。

在过去的两年里，大学为学术人员提供了在线教学的培训。乌干达的高等教育正在逐步从新冠肺炎疫情的冲击中恢复。在互联网在线教育的冲击之下，未来高等教育行业的转变趋势明显，线上线下结合的混合式教育模式正在成为主流。高等教育机构必须增加多媒体教室，以确保在线教学达到所需的质量标准。在线教育的发展也需要监管系统和政策来规范质量和加强问责，进行不断完善，做到与时俱进。

总之，高等教育是基础教育的延续，是国家发展和转型的引擎，是国际化与本土化交汇的桥梁。强化高等教育体系的各个环节，在乌干达发展更加普惠的高等教育，对促进乌干达经济发展和社会进步具有重大而深远的意义。乌干达的高等教育改革也为发展中国家提供了可借鉴的范本。高等教育是社会发展的动力之源，在乌干达政府、高校、社会各界以及国际力量的共同努力下，乌干达的高等教育定能与时代同行，迈出更加坚实的步伐。

第七章 职业教育

　　无论是正规教育还是非正规教育，都可以为受教育者提供知识、技能和信心。职业教育培训作为教育体系的重要组成部分，肩负着培养专门技术人才、促进就业和创业、提高行业服务水平等重要责任，是经济发展的助推剂。

第一节 职业教育的历史和现状

　　乌干达的职业教育具有悠久的历史。如今作为中学后教育的一个重要部分，乌干达的职业教育在培养应用型人才及具有一定文化水平和专业知识技能的劳动者方面发挥了重要的作用。

一、职业教育的发展历史

　　职业教育起源于古代生产劳动。许多非洲国家在独立以前关于职业教育与培训的政策在很大程度上是根植于社区的传统做法，或者以发掘殖民地国家的劳工发展战略为导向。独立以后的职业教育发展反映了社会现代化发展的需要。从时间顺序来看，乌干达职业教育的发展可以分为以下几个阶段。

（一）早期本土职业教育（1877年以前）

早在正规教育出现以前，乌干达就存在非正规的本土职业教育。乌干达早期的教育活动是非正规的职业性教育活动，而学校教育则是社会分工细化的产物。在基督教传教士将西方教育引入乌干达之前，乌干达就存在向年轻一代传授知识和技能的本土教育系统，且许多民族都有自己的教育体系、教育目标、教学内容、教学方法和授课地点。长辈们经常晚上在壁炉旁向年轻子女传授技能；年长妇女会在炉灶边教年轻妇女做饭或照料孩子；人们聚集在房屋建造现场学习建筑技术；铁匠们给学徒传授技能也有指定的区域，且要求他人不得入内。早期本土教育体系涵盖了许多学科，包括科学、地理、历史、植物学和动物学。

早期本土职业教育有两种类型的教师：传授技能的教师和传播知识的教师。第一类是技术技艺类教师。技术类教师一般是由知识渊博、技术熟练的人担任，比如木工主要传授鼓、凳子、农具手柄等木制品的制作技能，铁匠主要传授长矛、剑、锄头、手斧和社会生活所必需的其他金属工具的制作技能。技艺类教师专门传授雕刻等艺术技能。金刻、木刻和陶刻等雕刻艺术在非洲宗教中占有非常重要的地位。这类教师技术精湛，受到人们的尊敬。他们制作的陶罐是为各种场合专门设计的，例如为乌干达北部兰吉人的双胞胎舞等特殊仪式制作的装水的罐子有两个壶嘴，使用非常方便且设计精美。还有的技师非常擅长编织篮子、垫子和其他类型的装饰材料。第二类教师是具有行政法、医学和宗教仪式基本知识的教师。这类教师通过谚语、谜语、游戏、歌曲、成语等将知识传授给学习者。在两类教师中，技术技艺类教师受到了高度重视，特别是在19世纪，人们经历了饥荒、干旱、疾病和战争之后。

这一时期职业教育的特点包括学习者主要通过模仿进行学习；教学花费时间长；工作与学习的界限模糊；职业性别特征明显，比如女孩学习做饭，男孩学习器具制作；缺乏正式的技术教育理论。

（二）欧洲传教士入乌及殖民时期的职业教育（1877—1962 年）

1877 年，英国圣公会的传教士进入布干达。此后，法国罗马天主教会和阿拉伯伊斯兰教的传教士也来到乌干达传教。欧洲传教士来到乌干达时，乌干达的本地人已经开展了几百年的本土教育，且每个民族的技术产品都有自己的特点，职业技术特征明显。比如在巴干达和乌干达的大部分王国中，大鼓和大长矛是皇家服饰的标志。大鼓还有针对每个民族的不同的图案和设计模式。职业技术教育成了乌干达传统社会中民族身份建构的一个途径。

1894 年布干达沦为英国的"保护国"。殖民主义时期，乌干达的本土技术教育继续发展。大多数历史文物的发现，如陶罐、石锤和其他手工工具，都能说明乌干达当时的本土技术教育水平。

1920 年之前，维罗纳的教父们分别在阿鲁阿和古卢地区两所中学的旧址上建立了技术教育机构。这些技术学校是在乌干达北部建立的第一批正规技术学校。同时，除了已设立的正规技术教育机构外，一些学术类学校也由传教士传授技术和职业技能。

1950—1960 年是乌干达工业迅速发展的十年，因此产生了对技术工人的大量需求。这段时间是由殖民地向国家独立的过渡时期。学校教育发展迅速，民众的受教育需求不断扩大，急需实现工业化发展，为国家独立做准备。[1] 这一阶段需要通过投资公共职业教育来培训大量拥有高级技能的本

---

[1] MCGRATH S. Education and development [M]. Abingdon: Routledge, 2018.

土化人才，因此，职业教育开始兴起。

（三）独立后的职业教育（1962 年以后）

乌干达既是一个发展中国家，也是一个内陆农业国家。1962 年，乌干达摆脱了英国殖民统治，获得政治独立。尽管殖民政府的政策也强调乡村发展，但从英国引入的学院教育和培训对农村发展几乎没有帮助。除了一些基督教传教士的教育外，殖民政府的大部分教育旨在传授学习者纯粹的学术认知，致使他们缺乏与工作相关或实用的技能。高等院校的教育课程仍然以学科理论为基础，而不是以实用为主。

1970—1979 年，乌干达经历了一段政治动荡时期，导致其经济和政治上出现了衰退。这一时期，乌干达的大量熟练工人和专业技术人才逃离本国，导致该国的主要经济部门，包括教育、卫生、农业、能源、运输和服务部门受到严重影响。

乌干达独立前，职业教育不够发达。这一点与大多数撒哈拉以南国家的情况相似，独立以后的乌干达面临着职业教育毕业生失业率居高不下、就业率极低的困境。这是重学术教育轻职业教育所导致的结果，即教育系统培养的学生的技能与劳动力市场所需的技能不匹配的结果。

20 世纪 80 年代后，职业技术教育得到重视。乌干达陆续兴办了技术学校、技术专科学校、技术学院和技术大学。技术学校招收小学毕业生，学制 3 年，开设木工、电器维修、陶瓷、裁剪、农业等课程。专业课课时占 60%，基础课课时占 40%，毕业生可获乌干达初级技术证书。技术专科学校招收持有乌干达教育证书者（即初中毕业生），开设木工、瓦工、摩托车维修、农机维修和电器设备维修等专业课程。90% 的课时用于专业理论学习和实际操作，10% 的课时用于英语与文科知识学习，毕业生获专业技术文凭。技术学校和技术专科学校免收学费，学生的生活费前者全部由国家负担，后者由国家承担 65%。

因长期遭受殖民统治，乌干达经济、文化和教育发展缓慢。即使独立后，乌干达的国民收入依然主要依靠农业。2010 年，乌干达有 1 500 万劳动力，农业劳动力约占 73%。[1] 虽然农业部门是乌干达经济的支柱，但在乌干达的初中教育、中等技术以及职业教育与培训中，农业技能的传授仍然主要停留在理论层面。如何激发年轻人对农业相关职业的兴趣，让农业成为有吸引力的产业，是乌干达教育和劳动力市场面临的挑战之一。

二、职业教育的发展现状

（一）办学理念

与学术教育不同，职业教育在许多国家长久以来都被看作是一种实践教育，且社会认可度不高。过去，乌干达的许多父母都希望孩子能够接受学术教育以获得大学学士学位或硕士学位，而不是获取职业机构的证书。但现在乌干达人对职业教育的态度有所转变。目前乌干达亟须大量训练有素的、拥有基本技能的人员来填补就业市场。乌干达的职业教育办学理念主要包括以下几点。

第一，以市场需求为导向，面向青年群体提供多元的技能教育模式，促进就业，改善就业形势。乌干达是撒哈拉以南非洲地区中青年失业率最高的国家之一。为此，乌干达政府致力于建立与人口结构和工作需求相一致的教育，实施主题课程，同时将生活技能纳入小学、初中以及职业技术教育课程，以培养学生的职业技能，提高就业竞争力。

---

[1] 资料来源于乌干达统计局网站。

第二，提高在职人员有效沟通的能力，提高其专业技能，发展其新技能，帮助企业提高生产力，进而促进国家经济发展。

从发展的角度来看，职业技术教育与培训的目的是通过提高工人的生产力来促进经济增长。如此增加的产出远远超过培训成本，最终促进经济的增长。乌干达政府已认识到人力资本对经济增长和社会发展的重要性，并积极倡导增加成年人在工作场所的学习机会，通过提高其个人技能来促进社会经济的发展。

第三，除了提供与工作相关的教育外，职业技术教育与培训还为个人在自营职业、个人兴趣和生活技能等方面提供培训。职业教育的目的，不仅是为经济社会发展提供人力资源，更应促进个人兴趣的培养与个人潜能的开发，使每个人都能享受精彩的人生。

总之，职业技术教育是乌干达教育体系的重要组成部分，其理念是促进就业，提升在岗人员业务能力，促进个人将兴趣发展与职业发展结合起来。

（二）教育类型与学制

乌干达的职业教育机构分为中等职业学校和高等职业学校。中等职业学校与学术高中不同，后者通常为旨在接受高等教育的学生做好准备，中等职业学校侧重于对学生进行针对具体工作的培训，而不是为从事专业学科学习的学生提供学术培训。许多学校遵守了这一惯例，也有一些学校，比如有的贸易类职业学校在20世纪90年代开始转向，以同时发展学生的学术能力和技术技能为目标。随着社会的不断发展，职业教育逐渐呈现出了多样化的特点，普通教育中也常常会渗透职业教育的内容。

不同类型、不同阶段的职业教育与培训的学制也各不同。有些提供技工培训的教育模式可以取代中等教育的标准模式，而有些职业技术教育与培训课程的毕业生则能达到工程大专或以上教育水平。1983 年乌干达技术学院成立，招收高中和技术专科学校毕业生，主要开设工业技术课程，分为两年制和四年制，分别授予普通证书和高级证书。此外还设教育系，学制为一年，主要培养中学技术课教师。同时还设有四所商学院，课程分高、低两级，培养高、中级商业人员。师范教育除高等院校设教育系外，还有师范学院、教师培训学院等。小学教师由教师培训学院培养，中学教师主要由师范学院和大学教育系培养。

（三）办学体制

2008 年，乌干达政府通过了《商业、技术和职业教育与培训法》，为乌干达职业教育的发展铺平了道路。

乌干达的职业教育是分级办学体制，统一管理，由国家统一基本学制和基本课程标准。职业技术教育与培训系统由教育与体育部负责，该部负责计划实施和监测，包括规划、预算编制和年度审查。商业、技术和职业教育与培训理事会负责管理 110 多个政府培训中心、学校、研究所和理工学院。工业培训委员会由私营部门、非正规部门、相关部委以及雇主和雇员代表组成，致力于职业技术教育与培训改革，确保其在提升职业培训形象的同时，实现职业培训与乌干达劳动力市场的衔接和匹配，并确保乌干达的技能培训符合世界技能发展趋势。工业培训局作为工业培训委员会的秘书处，就政策、与职业技术教育与培训有关的事项、资格认证等方面提供建议，并负责授权颁发职业技术教育与培训的证书，制定适当的法规和准则，开发和更新培训模块。私立职业机构协会负责协调所有注册的私立机构。同时，政府致力于将社会合作伙伴纳入职业技术教育与培训治理体系，成为政府的平等伙伴。

职业技术教育与培训的主要资金来源是公共预算和个人缴纳的培训费。

职业技术教育与培训在教育与体育部预算中所占的份额相对较低，约为 4%
至 7%。按照非洲的标准，实际的公共支出也很少。非正规部门的培训主要
由乌干达私营部门基金会等捐助方资助。乌干达私营部门基金会是乌干达
私营部门的最高管理机构。它由 200 多个商业协会、法人团体和支持私营部
门增长的主要公共部门机构组成。自 1995 年成立以来，乌干达私营部门基
金会一直是私营部门宣传和能力建设的协调中心，并代表私营部门与政府
保持积极的对话。

（四）招生规模、课程设置

根据乌干达教育与体育部年度报告，乌干达的职业教育机构从 2016
年的 119 个（103 个公共，16 个私人）增加到了 2017 年的 129 个（115 个
公共，14 个私人）。学生入学率增加了 3.2%，从 105 900 名学生（41 943
名女生，63 957 名男生）增加到了 109 305 名（39 325 名女生，69 980 名
男生）。[1]

2021 年 11 月，乌干达教育与体育部发布了新的职业技术教育和培训学
院招生指导方针。在此以前，职业技术教育与培训机构的遴选由国家遴选委
员会与相关单位一起进行。对于 A 级水平以上的学习者，由联合招生委员
会进行录取。2021 年教育与体育部对此进行了修改，根据新的指导方针，职
业技术教育与培训机构向所有乌干达人开放，申请人无论年龄大小，无论是
否受过正规教育，都有权参与。

乌干达职业教育机构的课程设置非常多元化。常见课程包括焊接、汽车
机械、地形和土地测量、脚手架操作、健康安全与环境、时装与设计、道路
建设和维护、建筑与施工、管道技术、水工程、土木工程、制冷与空调、机

---

[1] 资料来源于乌干达教育与体育部网站。

械工程、计算机应用、石油开采、农作物管理、农产品加工、电力设备管理等几十类课程。在乌干达教育与体育部技术与职业教育培训官网上可以直接申请59类课程，查看每类课程的学制、招生人数及能够得到的证书或文凭。

在乌干达的职业学校中，受欢迎的课程包括裁缝、美发、餐饮、木工和机械。许多课程对学员入学提出了明确的水平要求，不同课程的费用也不相同，这让职业教育课程与工作之间的关系更加清晰。

（五）教学资源、教学活动、教育质量

乌干达许多职业技术学院的教学设施陈旧，教学场地和教学资源都十分有限，但也有一些新建的职业技术学院拥有先进的教学设施和丰富的教学资源。比如在阿尔伯丁地区可持续发展项目资助下，乌干达基古姆巴石油学院新建的培训设施为学员培训提供了相当便利的条件。

乌干达的技术、职业教育和培训通常以学习者为中心，教学内容比较丰富。除了教授专业技能外，有些职业院校会结合自己的办学特色开展一系列开放校园、开放企业、田野实勘、走进社区等活动。有条件的职业院校还会充分利用人工智能和网络等现代信息技术，通过主题网站、线上展厅等形式举办相关培训活动，或进行职业院校招生等方面的宣传展示。比如，公共卫生专业培训学校会组织学员走进社区，为社区居民宣传卫生知识、提供健康护理服务等；农业职业院校会组织学员把技术送到养殖农牧场，开展技能指导与服务活动。

不过，在乌干达，职业技术教育与培训尚缺乏质量保证。私立培训机构在培训机构中虽然占比很大，但大多数机构因官方许可和登记制度繁琐并没有在教育与体育部注册，尤其是在那些远离首都坎帕拉的地方，因此，教学质量难以保证。

为此，乌干达政府采用了两个解决质量问题的方法：一是为职业技术

教育与培训机构引入认证制度，制定和启动新的核证制度，鼓励私人机构取得官方认可，支持职业技术教育与培训机构改进质量和培训标准；二是在职业技术教育与培训机构中引入内部质量管理体系，逐步完善职业技术教育与培训机构的内部质量管理。

第二节 职业教育的特点和经验

乌干达职业教育以市场需求为导向办学，有相对完整的制度保障，重视信息化建设，在职业教育发展中积累了一定的经验。

一、职业教育的特点

乌干达职业教育具有鲜明的特点和特色，主要表现在以下几个方面。

（一）以市场需求为导向

乌干达职业教育的一个突出特点就是以市场需求为导向。许多非洲国家在职业教育上有一个共同的缺点，就是职业技术教育与培训以及一般的中等教育与劳动力市场的需求不匹配，一个可能的原因是职业教育缺乏与雇主的接触。然而在这方面，乌干达政府努力针对特定雇主提供特定课程，使该国的职业教育回报率不断提高。修订后的正规的商业、技术和职业教育与培训课程在实践课程和理论课程上分配了相同的时间，而非正规职业技术教育与培训机构的学生花在实践培训上的时间多于理论学习。尽管由于机构资源和能力有限、实施不均衡带来了挑战，但该战略为许多其他非洲国家在职业教育发展上指明了方向。

受战争影响的儿童和青年，身心均遭受战争创伤的困扰，在重新融入社区时面临巨大挑战。职业教育与培训在为这些弱势群体创造机会方面具有重要性。[1] 职业教育与培训越来越适应该地区面临的严峻挑战。在乌干达，有些社区的失学青年越来越多地从事以市场为导向的农业，特别是园艺，因为投资低，成本高，周期短，产量高，市场可用性高，因而更适合年轻人。另外，随着乌干达西部石油开采计划的实施，政府加大了对石油学院的扶持力度，这反映了乌干达职业教育的发展是以当地环境和市场的需求为导向的。[2]

（二）拥有健全的制度保障

乌干达职业教育发展的另一个特点是具有相对完整、规范、系统、制度化的发展轨道。这与政府部门的重视密不可分。政府对职业教育的大力支持表现在预算投入、政策指导、机构监管等方面。

乌干达政府通过的《商业、技术和职业教育与培训战略计划》制定了 8.7 亿美元的预算。该计划时间跨度超过九个财政年度（2012/2013 年至 2021/2022 年）。该预算的 40% 专门用于提高职业技术教育与培训的质量，而 4 330 亿乌干达先令用于职业技术教育与培训学生的补助和助学金。[3] 因此，2019/2020 学年正规职业技术教育与培训的入学人数增加到了 10 万人以上。此外，教育与体育部确认为 2 957 所技术学校、社区理工学院、培训机

---

[1] MCGRATH S, RAMSARUP P, ZEELEN J, et al. Vocational education and training for African development: a literature review[J]. Journal of vocational education and training, 2019, 72(3): 1-23.

[2] OGWANG T, VANCLAY F, VAN DEN ASSEM A. Rent-seeking practices, local resource curse, and social conflict in Uganda's emerging oil economy[J]. Land, 2019 (8): 53.

[3] 资料来源于乌干达政府网站。

构和商学院发放了学生补助。[1]

乌干达职业教育的质量保障机制建设逐步健全。乌干达政府设立的商业、技术职业教育与培训理事会、工业培训局、工业培训委员会及私立职业机构协会为职业教育管理、实施和评价奠定了基础，为职业院校依法自主办学、确立院校主体地位、落实主体责任奠定了基础，为建立健全质量机制、推动乌干达职业教育质量提升奠定了基础。

（三）重视信息化建设

乌干达教育与体育部十分重视职业学院的信息化建设。该部门计划根据 2020 年乌干达技能发展项目将全国所有较好的职业中心数字化，作为保障新冠肺炎疫情期间和疫情之后继续在线学习的手段之一。这些中心包括布卡拉萨农业学院、乌干达里拉技术学院、乌干达埃尔贡技术学院和布什尼的乌干达技术学院。根据教育与体育部常务秘书亚历克斯·卡库扎的说法，这项计划是世界银行资助项目的一部分，将耗资 47 亿乌干达先令，用于安装信息设备。这一计划也将使包括布什尼的卡雷拉技术学院在内的一些附属机构受益。不过有些职业院校可能很难完成在线培训计划，因为他们需要大量的实践培训，而不是理论培训。中长期的干预措施是开展线上线下混合式学习。

为帮助教师落实数字化教学，乌干达已经制定了由政府实施的数字化教学方案，政府承诺将继续为学校提供数字基础设施，继续开发能够支持数字学习的软件，并对教师和其他责任人进行信息通信技能培训。

---

[1] 资料来源于乌干达教育与体育部网站。

二、职业教育的经验

在乌干达，职业教育肩负着培养多样化人才、传承技术技能、促进就业创业的重要职责。乌干达将职业教育作为社会经济发展和转型的引擎，立足市场需求，为年轻人创造就业机会。以下几点职业教育的经验值得推广。

第一，乌干达政府努力建设全面的职业技术教育与培训系统，改革职业技术教育和培训体系，以满足人才需求。乌干达政府推出的《商业、技术和职业教育与培训战略计划（2012—2021年）》，标志着乌干达技能发展范式的转变。该战略计划的目标是建立职业技术教育与培训系统，从教育与体育部的商业、技术和职业教育与培训部门这个教育分部门开始，推动建立一个全面的技能发展体系，以市场需求为导向，培养劳动者的可就业技能和能力，以促进就业，提高生产力。新的职业技术教育与培训系统旨在扩大范围，面向所有需要培养技能的乌干达人，包括但不限于小学和中学毕业生。

第二，根据当地市场需求建立特定的非正规部门培训方法和目标。在乌干达，非正规职业教育系统为人们就业提供了重要保障。2011年，乌干达非正规职业教育培训人员占非农业就业人员的一半以上，职业技术教育与培训系统在很大程度上忽视了非正规部门的具体培训需求，对于已经在非正规部门或试图进入非正规部门的人员而言，缺少系统的技能培训。许多培训是供应驱动的，不是基于市场需求评估，只是在非常低的水平上重复正规部门的培训内容。意识到非正规部门发展对促进经济增长和创造就业机会方面的重要性以后，乌干达政府开始重视非正规部门，并建立区域支持中心。

第三，积极寻求与国际社会的合作。乌干达目前政局稳定、环境安全，吸引了许多国家前来投资建厂，直接导致了对技术技能人才的需求暴增。

比如，与中国的职业教育培训合作就是一个很好的范例。乌干达恩德培市与中国武汉市确立了友好城市关系，双方 2018 年交往的重点合作项目就是职业教育培训。2019 中非职业教育国际学术交流研讨会在乌干达首都坎帕拉举行。来自许多国家的百余名专家学者与会，探讨中非职业教育合作前景。职业技能教育培训成为中乌、中非教育合作的重点方向之一。2021 年，中国在乌干达设立了鲁班工坊，为乌干达青年提供高端技术技能培训，缓解了乌干达青年就业难的问题。

在政府和各界的共同努力下，近年来乌干达职业教育的良好氛围逐渐形成。多项研究表明，乌干达职业院校通过大量翔实的数据和生动的案例，向非洲发展中国家展示了职业教育院校在教学改革、对接市场需求、服务社会发展以及促进国际合作等方面的作用与成效，也向其他非洲国家展示了职业院校较为全面的课程设置、丰富的教学活动、就业创业的新思路以及职业技能的提升方法。在乌干达国内，企业参与职业院校人才培养的积极性明显提升，诸多成功的职业教育案例也加深了公众对职业院校办学成效的了解，在一定程度上提升了社会对职业教育的认可度和接纳度，助推了职业教育良好发展环境的形成。

第三节 职业教育的挑战和对策

乌干达的职业教育与培训尽管有其自身特点、潜力和优势，但也面临各种挑战，包括职业教育对生产力的促进作用不足、人才培养质量有待提升、职教师资紧缺、社会认可度不高等。本节重点介绍上述问题及乌干达政府提出的相应对策。

一、职业教育面临的挑战

（一）职业教育对生产力的促进作用不足

乌干达职业教育面临的主要挑战之一是增加生产力较高的领域的就业机会，将人们从生产力较低的领域转移到服务业、工业及战略性新兴产业等领域，同时采取干预措施，提高农业生产力。

随着新技术、新产业的不断出现和发展，新的职业和新的岗位不断涌现。商业、技术和职业教育与培训部门应培训尽可能多的熟练雇员，从而提高乌干达的生产力。然而，职业教育对生产力的促进作用明显不足。乌干达的职业教育需要为国家培养技能人才，尤其是培养在国际上竞争所需的合格的技能人才。因此，培训机构需要提供与市场需求相适应的培训，增加培训学员数量，提升培训质量，为生产力较高的行业输送合格人才。

（二）人才培养质量有待提升

尽管乌干达职业教育机构所开设的专业方向和主要课程基本覆盖了国民经济各个领域，但在现代制造业、高端精密技术行业、战略性新兴产业和现代服务业等领域依然缺乏资源和技术专长。职业技术教育与培训对于没有工作经验的青年学生来说是积累技能经验的重要途径。但在乌干达，许多职业教育机构实训设备落后，学员只能在陈旧甚至淘汰的机床上学技能，汽修专业、地质勘探专业学生缺少实际操作，只能按照书本知识进行理解，这就使得老师很难开展教学，学生也很难学到较新的知识和技能。

有些职业学校人才培养与企业需求是脱节的，毕业生进入企业后还需进行二次培养。另有一些职业教育机构无视经济和行业发展的变化，教学方式陈旧，不能与时俱进，更与国际社会脱节。这些因素都导致乌干达职业教育的人才培养质量不高。

（三）职教师资紧缺

职业学院的教师常常被称为"工匠之师"，他们是职业教育办学质量的决定性因素之一。然而在乌干达，职业教育机构职教师资非常紧缺，严重制约了职校的发展和技能人才的培养。在乌干达，职业教师培训经常是临时进行的。乌干达的基扬博戈理工学院曾经为职业教育培训教师，但后来与基扬博戈国立师范学院合并组成了基扬博戈大学。政府也曾开设培训教员的课程，为社区理工学院培养教员。私立机构的职业技术教育与培训师主要来自技术学院和理工学院，很少有工作经验或教学经验。值得注意的是，目前在乌干达还没有针对不合格的职业技术教育与培训教师的课程，并且目前的教师培训能力不足以满足庞大的在职培训需求以及职业教育系统的计划升级。

发展职业教育需要既能深入浅出地讲解理论，又能带领学员熟练操作设备的高素质教师。但现实情况是，相当数量的职业院校教师毕业于普通高校，理论知识过硬，但实践技能不足，无法满足教学要求。如果职业学校从企业招聘技术熟练的工匠型教师，又存在技术纯熟但理论基础薄弱的问题，这一矛盾制约了职业教育机构的人才引进。还有一个问题是，许多职业院校教师科研技术能力不高，企业实践不够，缺乏深入参与相关研究的能力。总之，职业院校很难招到拥有较高科研能力的高素质人才。

（四）社会认可度不高

尽管职业教育作为一种教育类型被社会承认，但是，社会对职业教育的认可度并不高，污名化现象依然存在。有些家长轻视职业教育，认为职业教

育的层次低于普通教育，觉得孩子毕业后从事的是低微的职业，因而不愿意
让自己的孩子就读职业学校。有些职业学校的学员对自己就读的学校以及将
来的就业竞争力严重缺乏自信。社会对职业教育认可度不高，与地方行政部
门对职业教育重视不够、社会唯学历论、人们的偏见等都有关系，因此，社
会观念、对职教的评价体系亟须更新。

二、职业教育发展的对策

发展职业教育，应对职业教育发展中面临的挑战，乌干达政府做出了很
多努力。

（一）增加生产力较高行业的就业机会

乌干达政府推出了职业技能发展计划。该计划旨在提高机构在目标行业
提供高质量、需求驱动型培训计划的能力。目标行业包括建筑、制造业和农
业。该计划旨在为高质量的职业和技术培训创建一个可扩展的模型，该模型
与特定细分领域的劳动力市场需求相关联。此外，加快新职业标准的开发，
组织相关机构制定新职业标准或评价规范。同时，根据区域经济社会发展需
要，适应市场需求，坚持就业导向，组织开展新职业培训，加强新职业培训
基础建设。根据市场需求和职业岗位，科学设置和动态调整专业，促进专业
与产业、职业岗位对接，引导社会力量积极参与。对新兴产业和生产力较高
行业给予一定的政策引导和扶持力度，比如在各级教育中教授信息通信技
术。鼓励学院和大学根据需要增加职业教育与培训的实习期，使学生获得更
多的就业技能。提倡借鉴其他国家的成功经验，加强生产力较高行业的人员
培训。比如，石油、制造业、信息技术等行业急需人才，在这方面，中国等

国家成熟的职业技能培训体系为乌干达提供了宝贵经验。

（二）加强国际合作，提高人才培养质量

乌干达与日本、以色列和德国等国家有影响力的培训机构在许多领域建立了伙伴关系，联合开展职业技术教育与培训，掌握最新的相关技能，提高人才培养质量。中国在援助非洲，包括乌干达的职业教育方面也做出了许多努力。2022 年 5 月 11 日，未来非洲—中非职业教育合作计划推进会暨中非职业教育联合会成立，在中非开展联合培养人才、职业技能培训和职业院校建设方面进行资源整合、平台共建等合作交流，促进了职业教育领域的长效合作。作为中非"八大行动"倡议中能力建设合作的一部分，乌干达鲁班工坊的设立就是开展职业教育国际交流合作的典范。鲁班工坊通过设立专业实训室、"云教学"等方式，为乌干达当地青年提供职业技能培训，进一步推动了乌干达职业教育发展以及工业化进程，推动乌干达实现经济转型。该合作项目将中国职业教育的教学模式、专业标准、技术装备、教学方案与乌干达分享，从而促进乌干达职业教育发展，提高人才培养质量。

为健全普职融通制度，从课程共享、学生流动两个层面促进职业教育与普通教育的资源共享和理念借鉴，乌干达政府计划搭建产业人才数据平台，持续收集、跟踪各行业职业人才需求的数据，及时、准确地发布人才需求报告，加快新职业培训大纲、培训教材、教学课程、职业培训包等基础资源开发，为在线课程的互联网接入提供便利。

（三）完善职教教师队伍建设机制

职教师资短缺有职业认识原因、经济待遇原因，也有政策导向原因。缺少经济保障和政策支持会导致教师参与科研的积极性低，缺少把科研成

果转化成生产力的动力，导致纸上专利多、应用转化能力和转化率低。

针对师资短缺、教师素质不够过硬的问题，乌干达政府借鉴德国职业教育的"双元制"校企合作教学模式，强化校企合作机制，理论教学由学校负责，技能专业培训由企业负责，校企共同完成对技术工人的培养。此外，还依托大型企业建立全国职业教育教师企业实践单位，搭建教师企业实践平台。在职教师资一时难以满足需求的背景下，动员和组织企业中有授课能力的技能人才走上讲台。

此外，乌干达政府还加强了与私营部门的合作。新的教师培训由纳卡瓦职业培训学院和乌干达私人职业协会联合开展，并在金贾职业培训学院建立了讲师培训部门。乌干达政府还努力健全制度基础，修订职业教育规范，出台校企合作促进办法，明确行业企业的职责，充分调动其积极性。

（四）提高职业教育的社会认可度

为了提高职业教育的社会认可度，乌干达政府加大了人力资本投入，增强职业技术教育适应性，同时立足职业教育类型特色，锚定高质量教育体系建设目标，进一步规范职业院校人才培养活动。此外，政府通过提升向社会公开信息程度、优化政府监督教学质量手段、科学评价职业院校学生等方式努力让毕业生就业不受歧视，让高素质产业工人拿到与其他学历层次同等的薪酬。

同时，在职业教育与培训领域，乌干达政府积极寻求联合国教科文组织的支持，努力建设可信、全面的职业教育与培训体系，寻找职业教育支持个人、社会和国家发展的途径和方法。乌干达已将职业教育作为社会经济发展和转型的引擎。如何让职业教育步入经济、汇入生活、渗入人心、融入文化，让它真正有利于社会发展，促进乌干达人才培养与市场需求、区域发展、国家战略的进一步对接，是一个值得深入探究的问题。

第八章 成人教育

　　成人教育是教育现代化的重要组成部分，是经济文化变革和社会进步的必然产物。在知识经济和信息社会的大背景下，即使走上工作岗位的人，也需要不断提升自己，了解新知识，掌握新技能。

第一节 成人教育的历史和现状

　　作为非洲人口增长快、年轻人口占比多的国家，乌干达的辍学率和失业率一直居高不下。提高识字率，进行大众扫盲教育，大力推广成人教育具有重要意义。

一、成人教育的发展历史

　　乌干达的成人教育可以追溯到 19 世纪末，当时欧洲探险家、传教士、殖民官员和阿拉伯商人来到乌干达，向当地人民传授各种技能，包括识字、算术、农业知识、打铁工艺、木工、制鞋、陶瓷砖石工艺制作、书籍装订、印刷等。在之后的很长一段时间里，殖民政府除了教授成人种植棉花、咖啡、茶等经济作物外，几乎没有采取任何措施来发展成人教育。1945 年之后，直到 1962 年独立前，殖民政府积极开展成人教育，一些成人教育管理机构就是在这个时期建立的。1946 年，公共关系和社会福利部成立，标志着政府系统参与成人教育计划的开始。1952 年，乌干达成立社区发展部，更加重视成人教育。1957 年建立地区农业研究所，隶属于农业部，用于培训地方政府工作人员并为当地酋长和进步的小农提供先进的农业技能指导。此外，还建立农村培训中心，共享生产生活设施，为成年人提供新的生产生活方式。农村培训中心开设多学科课程，包括公民教育、家政、农业、手工艺等。卫生部还开展了健康教育，聘请退役军人为卫生勤务员，向全国各地普及健康卫生的生活方式。麦克雷雷大学还设立校外研究系，面向无法进入大学学习的成人开设成人教育课程。

1962 年独立后至 1971 年，是乌干达成人教育发展的标志性阶段。殖民时期建立的成人教育培训机构继续扩大，成人教育工作人员和学习者都大幅增加。1967 年，麦克雷雷大学校外研究系更名为继续教育中心，提供各种类型的继续教育，包括函授和寄宿学习。此外，卫生部、农业部、社区发展部、地方政府、劳工部、信息部、教育与体育部也提供各种形式的成人教育课程。

独立后的第一个十年期间还成立了许多其他政府机构、组织和协会，包括公共行政学院（现为乌干达管理学院）、法律发展中心和渔业培训机构、少年犯感化学校、管理层培训和咨询中心等来促进成人教育的发展。在此期间启动的面向成人教育的项目和计划包括大众扫盲运动（1964 年）、卫生部组织的家庭与环境竞赛、教育部组织的纳穆坦巴项目等。

然而，1971—1980 年的政权动荡导致了政府对教育的忽视和国家经济的衰退。这期间出现了大量文盲，虽然他们渴望得到教育和培训，但经济困难、政权不确定性致使大多数成人教育机构处于艰难运营的境地，甚至最终关闭。

1979 年军政府被推翻之后，在政府经济复苏政策的支持和发展伙伴的资助下，乌干达成人教育开始复兴。一些国际组织也开始活跃起来，政府设计和实施了一系列系统、全面的成人教育项目，包括健康教育计划、农业方案、职业培训计划等，农业、卫生、劳工、教育等国家政府部门都参与其中。此外，还成立了一些成人教育机构，各种提供成人教育的国内外非政府组织开始注册成立。1988 年，全国扫盲部门委员会成立，制定了综合非正规基础教育试点计划，项目于 1991 年完成。1992 年推出的《政府教育白皮书》，全面阐述了政府成人教育政策。简言之，1980 年至今，是乌干达成人教育复兴并迅速发展的阶段。

1992 年，乌干达政府重新启动了成人教育项目。在项目执行的前四年，政府在全国几十个地区中选择了 8 个作为试点地区。其实早在 1964 年，乌干达政府就曾发起过扫盲运动，但该运动在 20 世纪 70 年代席卷全国的动荡期间无疾而终。1995 年，对该项目的审查统计数据显示，累计成人学习者人数仅有 15 700 名，于是政府决定将该计划进行扩展，并要求各地区对该计划进行积极响应。到 1998 年底，该项目的试点地区从 8 个扩大到了 26 个，到 2001 年又扩大到了 37 个。尽管做出了这些努力，但乌干达在 2000 年仍有 360 万文盲。在这些文盲中，120 万是男性，240 万是女性。截至 2000 年初，32.7% 的乌干达人是文盲，低于 1980 年的 54.4%。[1] 到 2002 年，乌干达将成人扫盲扩至全国所有地区，成为贫困根除行动计划的一部分。但是，该运动并非在全国普遍开展，而是在每个区内以试点的方式进行。2005 年，乌干达政府发现该国对成人教育的需求依然很大。尽管按《国家成人扫盲战略投资计划》要求 2007 年实现消除 50% 以上的成人文盲的目标是不现实的，但是政府依然坚定地执行此项计划，并在预算中为这项计划预留了资金。然而，这笔资金根本不足以完成任务。虽然也有一些成人

---

[1] 资料来源于联合国教科文组织网站。

扫盲教育机构和民间社会组织以自主或与政府合作的形式参与进来，但是大多数非政府组织的成人教育规模小，覆盖面非常有限，而且往往持续时间很短。实际上，这些分散的成人教育活动未能产生太大影响。

乌干达政府一般每十年进行一次人口普查，2002年的人口普查数据显示，识字人口从1991年的470万增加到了2002年的1 080万。男性识字率高于女性。在东非国家中，乌干达是15—24岁年龄组中识字率最低的国家。[1] 到2008年，成人扫盲教育项目已经惠及了200多万人，让乌干达的成人识字率从1994年的56%提高到2008年的75%。[2] 乌干达教育与体育部的官方数据显示，到2012/2013财年，乌干达的成人受教育比例为73%，10岁以上的人口识字率为71%，其中男性为77%，女性为65%。[3]

当今的乌干达，成人教育的范畴非常广泛，包括各种旨在满足成人受教育者个人需求的学习活动或计划的所有学习过程。可以说，成年人群体和失学青年都是成人教育的受益者。

二、成人教育的发展现状

乌干达的成人教育为错过正规教育的人群提供了教育和培训机会。除了政策规定外，政府也积极促进扫盲和终身学习运动，成立了全国大众扫盲委员会和成人教育、继续教育和终身教育机构。下文介绍乌干达成人教育的办学理念、教育类型和办学模式、课程设置与教学活动、教学资源与教育质量等情况。

---

[1] 资料来源于2002年乌干达人口普查报告。

[2] 资料来源于联合国教科文组织网站。

[3] 资料来源于乌干达教育与体育部网站。

（一）办学理念

乌干达成人教育的理念之一是将成人教育和培训作为成人扫盲的主要工具，弥补人们错过的基础教育，以促进国家经济社会发展。成人和继续教育计划被广泛认为是消除成人文盲、减少贫困和实现经济发展目标的重要手段。乌干达在全民扫盲运动中采用了双管齐下的方式：一方面自 1997 年起普及初等教育，另一方面大力推广成人扫盲教育。

在乌干达，大多数成人教育项目都是以扫盲与减贫为目标。根据乌干达成人教育评估需求调查，解决成人的贫穷问题的需求要优先于学习阅读和写作的需求。乌干达政府将成人扫盲视为消除贫困的斗争策略之一，在过去十年中在这方面取得了一定的进展。即便后来发现远未实现原定目标，政府也依然坚持继续推行成人扫盲计划。调查研究表明，参加乌干达成人扫盲计划的学习者通常来自比较贫困的家庭，这也印证了该计划在减贫方面的确能发挥有益的作用。

乌干达成人教育的另一个办学理念是通过多元化的、灵活的教育形式来使成人获得一些必要的职业和技术教育，提升成人工作领域所需的专业能力，进而提高工作效率，提升人们的生活质量。也就是从市场理念和产业理念出发，根据学员的需求来设计和调整课程。比如麦克雷雷成人日间和晚间学校[1]针对那些从未完成任何级别教育的学员设计了相关课程，并帮助他们达到 A 级水平。后来该校在教学过程中发现更多的成人学员想获得 O 级证书，于是学校又在 2002 年开办了 O 级证书班。

此外，乌干达政府将成人教育作为培养社会、政治和公民能力的教育，包括提供国家政策和国际问题分析、体育与休闲、心理健康、福利和家庭生活等方面的教育。

创办融通性、应用型、开放型的成人教育是乌干达成人教育发展的主要

---

[1] 该学校为乌干达教育与体育部批准设立的成人教育机构，创立于 1996 年。

方向。成人教育必须坚持以人为本、以学生为中心的办学理念，努力为学员提供优质服务，促进其应用型技能提升。随着现代远程教育技术的应用与实践日益广泛以及社会经济的不断发展，乌干达成人教育的需求也呈现出多样化的特点。在成人教育中强调成果导向，教学内容由教学目标反向设计，更具针对性，也更符合学习者和企业的需求。因此，乌干达政府倡导成人教育机构把社会效益放在首位，将社会效益与经济效益相统一，提升成人教育办学质量，推动其成为服务全民终身学习和社会进步的重要环节。

（二）教育类型和办学模式

乌干达的成人教育主要有三种类型：一是成人扫盲教育和普通教育，使那些没有接受过正规学校教育和非正规教育的人能够获得知识，比如教会、地方扫盲协会和地方政府部门提供的基础阅读与写作课程；二是面向以职业发展和技能获取的人群提供的成人教育；三是公民教育，包括在总统和议会选举期间进行的公民和选民教育以及个人、社会和经济问题指导和咨询。

在乌干达，面向成人招生的教育机构和学校类型一般有三种：专门的成人学校、综合大学的成人继续教育学院和职业教育机构。

坎帕拉成人学校和拉昆塔信仰学院走读和寄宿学校是乌干达比较著名的成人教育学校，为学生提供多种形式的成人教育课程。始于 1996 年的麦克雷雷成人日间和晚间学校也是著名的成人教育学校。这是该国第一所创办 A 级证书班的学校。该校旨在帮助辍学的成年人重获受教育的机会。

乌干达的不少综合性大学也提供成人教育课程，比如麦克雷雷大学设有成人与社区教育系，隶属于远程和终身学习学院。成人与社区教育系主要进行成人和社区教育方面的专业培训。该类培训始于 20 世纪 80 年代，最初只开设短期课程，然后是两年制成人和社区教育文凭课程，该文凭 1999 年被成人和社区教育学士的三年制课程所取代。

值得一提的是，除许多短期培训课程外，麦克雷雷大学远程和终身学习学院还开设了成人和社区教育学位课程，为成人教育师资培训创设了良好的条件。1997 年，成人和社区教育系开设了成人和社区教育学位课程，主要目标是培养一支训练有素的骨干队伍，培养成人和社区教育方案的决策者、设计者和实施者。该方案旨在使参与者在成人教育、社区发展和与发展进程有关的当代社会经济问题方面具备扎实的知识和技能。其他提供成人教育课程的大学还有很多，比如位于东部地区的久美大学、位于西部地区的伊班达大学和安科莱西方大学。

提供成人教育课程的职业类院校主要集中在乌干达中部地区，比如教育与体育部下属的、位于坎帕拉的名川职业培训学院提供为期三个月的汽车机械、电气配件和安装、工业工程等课程。16 岁及以上的离校生可以参加为期两年的课程学习。位于中部地区的恩廷达职业培训学院等职业类教育机构也开设了针对成人教育的相关课程。

学校和教育机构提供的成人教育除了全日制办学模式外，还有夜校、函授、社区教育、校外教育、网络教育、广播电视大学、现代远程开放教育等办学模式。乌干达目前开设了十多类成人教育广播课程。麦克雷雷大学继续教育中心提供函授和住宿课程。

（三）课程设置与教学活动

乌干达成人教育涉及领域主要有职业技能发展、社会文化教育、生计教育、公民教育、健康教育、信息通信技术、农业教育等。

对于成人扫盲运动和基础扫盲类课程而言，儿童、教师和家长的学习内容一般是基于小学低年级的官方课程。在制定具体课程时，会考虑项目目标和目标群体的特殊需求。

其他阶段的成人教育课程因授课机构类型不同而在课程设置上有所差

异。首都坎帕拉一直是乌干达的政治、文化和经济中心。该地区集中了大量的成人教育机构，其中比较常见的课程是 A 级证书班、O 级证书班及其他非学历教育培训课程。也有针对语言培训的专门教育机构，比如成立于 2000 年的坎帕拉成人学校最初侧重于国际语言的教学，如英语、法语、德语、阿拉伯语、中文和斯瓦希里语。位于坎帕拉的埃利姆语言和成人教育中心、坎帕拉灯塔成人学校、乌干达团结语言中心等都是乌干达坎帕拉的注册成人语言培训机构。这些学校既教授卢干达语、鲁扬科雷语、阿霍利语、伊特索语、卢奥语等本地语言，也教授斯瓦希里语、法语、德语、西班牙语等语言。

有些语言类学校在语言教学基础上还逐渐增开了其他培训课程，比如坎帕拉成人学校后来增开了计算机、平面设计、包装设计、统计、会计、网络维护等十余类课程，每天两课时。许多成人教育机构还设有商务、农业技术、工程、电力、土木等方向的专业课程。比如麦克雷雷学院学校（Makerere College School）、乌干达教育本地专家中心等机构提供教育管理、教师培训、性别教育、社区服务及专业技术类课程。

除了教授专业课程，这些成人教育机构还经常组织开展各种形式的教学活动，包括校外社区教育研讨会、培训和论坛、短期劳动课程、夜校和学习小组活动、公共讲堂活动、成人信息传媒类短期课程等。

（四）教学资源与教育质量

乌干达有些成人教育中心由于缺乏维护和维修而导致学校建筑条件差，硬件设施不足，进而导致教学和行政人员流失、学习者辍学率升高等后果。乌干达成人教育中心普遍缺乏教学材料，大多数学习场所是社区的公立学校、教堂、清真寺等场所。

远程教育是乌干达成人教育的主要模式之一。然而，目前乌干达网络条件不够发达，教材、案例、影视、图片、课件等教学资源比较匮乏。

师资力量是决定教学质量的重要因素。在乌干达，大多数成人扫盲运动的教育者是志愿者，没有任何报酬。然而，志愿者人数在渐渐减少，成人教育工作人员流动率也在升高。此外，不少志愿者受教育程度不高，加上他们接受的培训非常有限，教学质量难以保障。成人教育机构的培训师要么是综合大学普通专业毕业，缺乏熟练技术；要么技术熟练但缺少理论知识，加上成人教育机构对教师的科研支持力度不够、实训设备陈旧等因素，成人教育的教学质量很难提升。

第二节　成人教育的特点

一、多元化

乌干达成人教育的一个显著特点是多元化。教育目标、内容和模式的多元化对提高教育质量、培养优秀人才、满足人才市场需求有重要意义。

第一，成人教育的多元化发展表现在教育目标的多元化。乌干达的成人教育在其发展过程中从最早的技能传授的单一目标逐步发展为全国成人扫盲、消除贫困、基础知识再教育、技能提升、终身教育、满足劳动力市场需求、提升国民素质等多个培养目标。具体的专业课程设置及授课内容也根据培养目标不同而不断进行调整。

第二，成人教育的多元化发展表现在教育模式由过去的单一模式变为多元模式。在成人教育发展的初期，存在招生困难、教育资源匮乏的情况，加之人们传统思想中存在对成人教育的偏见，使得成人教育发展缓慢。在政府的重视和努力下，成人教育开始朝个性化教育方向发展，在以市场需求为导向、以学生为中心的理念推动下，单一的教育模式被摒弃，除了日常必要的教育形式外，还逐步增加了参观、实践、实习和校外辅导等新的形式，将成人教育的知识讲授部分与实际操练部分密切结合起来，提高了学员的实践能力和工作技能。在教学模式上，除了全日制，乌干达的成人教育机构还灵活开设了夜校、周末班、函授、广播教育、远程教育等形式，以求最大限度地帮助有教育需求的乌干达民众。政府也鼓励成人教育培训机构以学习者为中心，针对成人认知特点改革培训模式和教学方式，努力提高教育培训的针对性和适用性。

第三，多元化的特点还体现在乌干达成人扫盲教育的方法上。除了在1964年的大规模扫盲运动中单枪匹马的努力外，乌干达政府的扫盲方法也在发生变化。最初是有选择性地进行试点扫盲，从小规模开始，逐渐扩大到更多领域。后来政府又鼓励其他组织，特别是宗教组织和非政府组织作为合作伙伴加入成人扫盲教育运动。有十个国际非政府组织加入了成人扫盲工作，在若干地区开展活动，并且在成人扫盲运动中提供了多元化的选择，允许教育者按照不同的信仰、不同的需求采用不同的方法。比如国际社区援助基金会 [1] 和乌干达教会合作，在全国各地的乡村教堂建立了一个庞大的青年团体网络，为民众普及金融基础知识，推广扫盲运动。

这种选择和行动的自由激励了扫盲运动的参与者们，让他们可以按照自己的喜好和特长开展成人扫盲教育活动，在不受干扰的情况下贯彻到底。

二、一体化

推动一体化发展是乌干达成人教育的另一个显著特点。1997年在德国

[1] 国际社区援助基金会的使命是为世界上收入最低的企业家提供金融服务，自1992年以来一直在乌干达开展工作。

汉堡举行的第五届国际成人教育会议提出，扩大成人教育的范围，将成人教育扩展到成人学习。扩大成人教育的范围既带来了机遇，也带来了挑战。在成人教育方面，非洲区域性教育专业组织和民间组织都积极就相关问题开展研究，国际组织开始积极协助和推动非洲成人教育的协调发展和一体化进程。

就乌干达而言，目前成人教育的实施有三个重点：一是开展全国成人扫盲运动，二是努力实现性别平等，三是形成多方协同发展的格局。乌干达全国成人扫盲运动提高了成人教育受益覆盖面，各种扫盲规定在一定程度上展现了终身学习的整体视角。政府和非政府组织、民间志愿者共同参与广泛的成人扫盲教育运动，加强了教育与文化之间的协同作用。乌干达妇女文盲率较高，乌干达政府出台了国家性别政策来纠正因性别不平等而产生的不平衡，以确保女性和男性参与教育发展的各个阶段。根据1999年对全国成人扫盲运动的评估，这一运动中的成人受教育者中女性占比高达80%。得益于成人扫盲教育，这一时期成年女性的识字率增长速度明显高于男性。

乌干达的成人教育参与方包括国家政府各部门、地方政府、高校、职业院校、专业成人教育机构、国际组织、社区、私人等，形成了以非盟、东非经济共同体、国际组织支持，政府倡导，各地方政府协助监督，办学机构组织实施，民间组织和个人自愿参与的一体化格局。

第三节　成人教育的挑战和对策

成人教育不是社会发展的唯一贡献者，但成人教育的专业化发展是提高国民素质的重要渠道。尽管乌干达政府在此方面做出了很大努力，但成人教育的发展仍面临许多挑战。

一、成人教育面临的挑战

乌干达成人教育面临教育从业者专业化水平不足、授课语言不统一、政府重视不足等方面的限制与挑战。

（一）教育从业者专业化水平不足

乌干达成人教育缺少经过正规培训的专业教师，大多数从事成人教育的工作者是在工作过程中发现不足后才去学习。有些机构愿意资助工作人员进修，但许多机构没有此类鼓励政策。成人扫盲运动中的教师主要来自志愿者（如学生和活动家），有些人会得到低微报酬，有的完全没有报酬，他们多数人缺乏基本教学技能，也没有接受过专业培训。乌干达成人扫盲方案能否成功地单纯依靠志愿者进行的问题引起了普遍的关注。令人惊讶的是，许多公共和私人决策者拒绝向功能性成人扫盲[1]教员提供奖励或福利，并一再提出财政限制。这些都表明成人教育工作者受重视的程度也较低。

（二）授课语言不统一

成人教育面临教学语言困难问题。尽管英语和斯瓦希里语是乌干达的官方语言，但乌干达是一个多语言国家，大约有 50 种当地语言。乌干达政府通过一系列政策在教育中推广当地语言。例如，在《政府教育白皮书》（1992 年）中指出，在小学四年级之前的所有教育方案中，应使用当地语言作为教学语言。乌干达《宪法》（2005 年）第 6 条规定，"任何语言都可以

---

[1] 根据联合国教科文组织的说明，功能性成人扫盲是乌干达政府在各非政府组织的援助下于 1997 年开始实施的实用成人扫盲方案，旨在将扫盲与人们的生活需求联系起来。

作为学校或其他教育机构的教学媒介"。[1] 然而，资源不足和执行不力阻碍了这些政策的落地，乌干达北部尤其如此。自 20 世纪 80 年代初以来，几十年的内战限制了儿童、青年和成年人接受教育。此外，关于用当地语言教学的现行教育政策往往只侧重于四年级以下的正规教育。因此，没有接受过正规教育、无法用母语读写的人很少有机会通过非正规教育培养母语的识字能力。

乌干达的成人扫盲运动涉及的当地语言有三十多种。由于学员本身受教育程度不高，有些是完全没有受过教育，这些来自不同部族的学习者在以英语作为授课语言的受教育过程中会面临语言障碍。教师也是如此，许多教师没有接受过当地语言的正式培训，缺少以当地语言为教学语言的专业能力，难以实现完全个性化的教学。[2]

（三）政府重视不足

在许多国家，成人教育相对于其他形式的教育，一直有被边缘化的现象，在乌干达这样的发展中国家更是如此。对成人教育的忽视也反映了社会排斥问题。乌干达是官方发展援助组织的主要受益者之一，得到了包括联合国机构、世界银行等在内的多个发展伙伴的双边和多边支持。这些机构为乌干达的社会服务和基础设施建设提供了资金。乌干达在实施普及初等教育方面的良好表现为其赢得了相当大的声誉，并得到了许多捐助者和发展伙伴的支持。然而，关于教育援助的官方统计数字中没有提到成人教育。

乌干达教育部门对成人教育的关注度不够。官方教育援助和筹资安排

---

[1] 资料来源于联合国教科文组织网站。

[2] SSENTANDA M E. Mother tongue education and transition to English medium education in Uganda: teachers' perspectives and practices versus language policy and curriculum[M]. Stellenbosch: Stellenbosch University, 2014.

中很少涉及成人教育，仅在《消除贫困行动计划》的修订中有所体现。乌干达消除贫困战略和乌干达 2025 年愿景强调了消除大规模贫困是值得高度重视的关键问题，为此，政府 2002 年制定了《消除贫困行动计划》，并在之后进行了修订。修订的内容涉及进一步加强与人力资本建设有关的支柱教育和以技能培养为重点的教育。其中，功能性成人基础教育和成人扫盲方案被纳入《消除贫困行动计划》框架，由乌干达发展伙伴为之提供贫困行动基金。值得注意的是，功能性成人基础教育之所以得到关注，主要是因为它对初等教育有一定的促进作用，即便如此，乌干达政府对其关注的程度也远不及对学校教育关注的程度高。

从 2007 年的教育与体育部备忘录可以看出，除了乌干达政府教育部门外，乌干达的教育合作伙伴，比如教育资助小组，也同样是更关注学校教育。虽然他们提到了非正式或非正规技能培训是性别、劳动和社会发展部的一个工作任务，但既没有指明机制，也没有指明投资的预算项目。

二、成人教育发展的对策

乌干达成人教育在发展中存在一系列的问题和挑战，这些问题已经引起了乌干达政府的重视。乌干达政府采取了相关措施和对策，努力推进成人教育的高质量发展。

（一）提升教育工作者的专业素养

乌干达政府非常重视教育，关于教师发展问题，教育政策决策者能够广泛听取意见。2017 年 12 月，在乌干达教育能力发展项目的支持下，教育与体育部和乌干达国家教师联盟合作，采用社会对话制度，在乌干达东部和北部地区举办了两次区域社会对话，讨论了教师在实现包容和公平教育中的关键作用，以及如何为教师提供充足且持续的职业发展机会的问题。

引入成人教育短期培训计划，发展学历教育和学位课程标志着乌干达成人教育专业化发展的开始。恩萨米兹社会发展研究所等许多成人教育研究所为培训基层、中层和一线工作者提供了机会。该机构为社区发展和福利工作者提供短期课程，包括一年证书课程和两年文凭课程。麦克雷雷大学继续教育中心面向打算接受成人教育的工作者开设了学历课程，旨在向他们传授技能，使学员在教育和其他方面与社区开展合作。大多数课程是在校外和全国范围内进行的，主要教育模式包括晚间课程、短期住宿课程和公开讲座。在这里接受培训的多数学员是成人教育工作者，他们学成之后将在社区培训学员。此外，自 1996 年以来，麦克雷雷大学还开设了文学学士学位课程、成人和社区教育学位课程。

成人学校的教师除了应具备一般学校教师的基本素质外，还应具备专业技能和专业工作经验两项特殊的素质。一个解决方案是把先进技术培训作为主要内容纳入乌干达的教育工作者培训中，通过在线学习的方式开展灵活的技能培训，不过这样就需要新的教学和评估方式，包括在线辅导和在线测试。这反过来又需要更多人力和财力资源，操作起来有困难。乌干达政府推出的乌干达职业技能发展计划将是解决途径之一，可将成人教育工作者纳入其中。政府还通过制定成人教育教师素质提高培训计划、实行奖惩制度等措施来促进成人教育工作者提高整体素质。

（二）采用多语言教学模式

在解决成人扫盲教育的语言问题方面，乌干达的非政府组织——扫盲和成人基础教育组织发挥了重要作用。该组织于 1989 年在麦克雷雷大学成立，在实施以当地语言为重点的教育方案上做出了积极贡献。该组织的主要任务是促进当地社区成员，特别是妇女和儿童的扫盲实践，并通过提高他们的母语水平来增加他们获取信息和接受基础教育的机会。该组织由董事会管理，成员来自乌干达教科文组织全国委员会、高等教育机构、国际组织、私营部门和基层妇女组织。他们在学术、金融、监测和评估、项目规划和非政府组织管理方面都具有丰富的经验。该组织推出了母语教育计划，在乌干达北部的阿季马尼、阿鲁阿、古卢、科博科、恩沃亚和尤姆贝六个地区开展活动，使用五种当地语言：阿乔利语、卡卡瓦语、阿里加语、马迪语、卢格巴拉语。

上述实践证明，加强以当地语言为基础的早期教学和双语教育（母语和英语）有助于提高入学率和学习效果，而通过为家长和社区成员提供母语的成人识字课程，以及让儿童和家长一起参与互动式课后学习活动，也可以弥合家庭和学校之间的差距。

在英国文化协会和世界银行等国际机构的资金支持下，英语在乌干达国家教育体系中的地位已经确立，因而用当地语言编写出版物可能很难获得资金支持。但是扫盲和成人基础教育组织仍坚持阅读材料应在政府和非政府组织支持下以当地语言编写。他们认为，学习材料应由教师在当地语言委员会的技术支持下编写，这样才能贴近学习者熟悉的文化语境。在该方案的第一阶段，他们以五种当地语言印制了25 420多册故事书，并分发给了当地学校、家庭和高级别委员会，还向每个家庭分发家庭故事袋，许多家庭将故事袋挂在墙上，并将其用作存储和整理阅读材料的实用工具。这是一个鼓励父母和孩子在家练习识字技能的好方法。

扫盲和成人基础教育组织还与国家课程发展中心联合开发了《当地语言教学手册》，目前在项目开展地区以及乌干达其他地区使用。此外，当地语言的五种正字法中的四种是由扫盲和成人基础教育组织和地区语言委员会联合开发的。

（三）提高政府重视程度，强化质量管理

乌干达成人教育一直没有得到足够的重视，全国范围的成人扫盲计划也没有被所有人认可，其受欢迎程度在乌干达政府开始强调正规基础教育的时候就开始下滑了。过分强调普及初等教育和女性教育，也会使成人教育逐渐被边缘化。

所幸，乌干达政府意识到，教育减贫必须由相关政策来保障。为此，2002 年，政府推出《国家成人扫盲战略投资计划》与《消除贫困行动计划》，两个政府计划把成人教育与消除贫困联系起来，把增加穷人收入、提高他们的生活质量作为乌干达的功能性成人扫盲的主要优先事项。在成人扫盲教育的实施过程中，政府还通过政策制定和统一协调来把握成人教育的基本走向。

在成人教育政策的制定上，政府应坚持功能性导向和本土化特色，从实际出发，并充分考虑当地文化和民族生活方式。此外，扩大地方政府对成人教育的统筹决策权，建立多元管理体制。应努力建立社区合作型成人教育管理模式，由政府统筹，学校自主参与，社会多方融入。同时，还应在教育内容、教学方法、课程体系、教学组织形式上因地制宜，寻求与本土特色的相容。

第九章 教师教育

乌干达可持续发展目标提出要"确保包容和公平的优质教育,并为所有人提供终身学习机会"[1]。提供优质教育除了取决于教育内容、教育过程、教育基础设施和教师管理等因素外,教师也是重要因素。

教师是高质量公共教育的支柱,加强教师队伍建设是提高公共教育质量的基础。成熟的教师教育管理体系、规范的教师资格考试制度、系统的教师专业标准制度和师范类专业认证制度是教师教育发展的重要保障。

第一节 教师教育的历史和现状

为所有乌干达人提供优质教育和培训是乌干达教育的目标之一,而教育质量在很大程度上取决于教师。本节重点介绍乌干达教师教育的历史和现状。

---

[1] 资料来源于 2019 年乌干达《国家教师政策》。

一、教师教育的发展历史

乌干达教师教育起步相对较晚，其发展历程可分为独立之前和独立之后两个阶段。

（一）独立之前

乌干达的教师教育起源于 20 世纪初期，教会团体成立了师范培训学校，目的是为当时的教会学校培养教师。1930 年，乌干达"保护国"政府建立了尼亚杰拉德教师培训学校，在学校培养斯瓦希里语教师。1958 年以前的殖民时期的乌干达教师教育主要依赖于宗主国英国，1958 年之后学校开始聘用本土教师，本土教师培训才逐渐出现。

（二）独立之后

20 世纪 70 年代，乌干达政府修改了《教育法》，进行了教育体制改革，开始逐渐建立自己的师范学校进行师资培养。后因政局不稳定，教师教育的发展受到阻碍，直到 20 世纪 90 年代中后期才开始恢复发展。

20 世纪 90 年代，乌干达政府开始关注教师的持续专业化发展。政府于 1994 年推行了教师发展管理系统，通过在全国范围内建立 23 个核心教师培训学校，搭建起了全国教师培训网络系统。接着又推行了小学教师发展和管理系统，制定了具体的教师准入标准和资格认证制度。

进入 21 世纪后，在国际社会的援助下，乌干达的教师教育有了很大的发展。除了数量上的增加，乌干达全民教育发展对教师整体素质提升的需求也在增加。联合国教科文组织提出的"撒哈拉以南非洲教师培训计划"，对乌干达的教育发展起到了推动作用。新时期的乌干达教师教育日益朝专业化、信息化和一体化迈进，在线教育和远程教育也开始成为教师教育培训的重要方式。

二、教师教育的发展现状

（一）教育理念

乌干达教师教育的理念是实现教师的持续专业化发展。早在 1952 年，乌干达殖民地总督任命的一个委员会就将重组和扩大教师培训系统、改善各类教师的条件列为优先事项。[1]1992 年《政府教育白皮书》提出了"教师专业化发展"的理念和建议，反映出乌干达非常重视教师在教育中的关键作用。2013 年撒哈拉以南非洲教师倡议研究指出了影响乌干达教育质量的若干问题，其中包括：教学专业标准和质量保证不足，教师短缺以及教师行业的学术要求较低。因此，该研究建议制定一项全面的国家教师政策，以解决教育质量不高的问题。2019 年，乌干达政府颁发了《国家教师政策》，目标是使教师与医生、工程师、律师、会计等其他行业从业者一样，能够在专业上达到一定的水平。该政策为管理和提高所有阶段的教学质量提供了综合指导框架。

为实现教师专业化发展理念，乌干达政府还积极完善教学标准、机构领导标准及教师资格认证标准，充分发挥政府在教师培训和教师管理领域的协调作用。同时，政府主张将生活技能培养纳入教师培训课程，将教师的持续专业发展制度化，并为教师提供持续的专业发展指导和支持。政府还主张为教师设计合理的教学计划，包括为他们提供有效的课堂教学方法。

---

[1] KYRIAKIDES L, CREEMERS B P, ANTONIOU P. Teacher behaviour and student outcomes: suggestions for research on teacher training and professional development[J]. Teaching and teacher education, 2009, 25(1): 12-23.

此外，政府还不断提高教师工资待遇，确保在各级教育中公平公开招聘教师，以缩小各级教育机构在教师配置方面的差距。为了加强教育融资，乌干达政府制定了资源调动战略，并利用公私伙伴关系调动地方资源用于发展教育。

（二）教育类型

乌干达要求所有教师教育者完成两年制全日制教师教育文凭课程，来为他们成为教师做好准备。尽管大多数两年制全日制教师教育文凭的学员都有小学教学背景，但该课程仍要求学员获得教育文凭和中小学教学经验。乌干达的教师教育体系主要由学前、小学、中学和高等教师教育组成。

学前教师教育的大部分项目是由如马德拉萨基督教青年会等私立机构组织开展的。学前教师教育的入学要求是至少通过乌干达教育证书（普通水平）六门科目的考试，重点是数学和英语。所有符合条件的人都有机会接受学前教师教育与培训。所有学前教师培训机构必须遵循教育与体育部的培训框架，学前教师培训将持续两年。完成两年的教育和培训后，学员获得结业证书，并在教育与体育部注册。

小学教师教育为教师从小学一年级到小学七年级的教学做好准备。完成四年初中学业并通过包括数学、英语和科学等在内的六门课程的考试后可以进入小学教育师范学院学习。乌干达共有53所小学教育师范学院，实习小学教师需要选择其中的一所来完成两年的全日制小学教师教育证书课程。这些学院除了六所是由私人资助的机构外，其余的是由政府资助的公立机构，在公立学院学习的学生都能得到资助。

中学教师教育的目标是培养具有中学教育文凭或教育学士学位的中学教师。取得中学教师教育文凭的人，有时能获得高级教育主要证书，特别是在与科学相关的学科领域，拥有两个主要证书和一个辅助证书的人，则可以直接获得教育学士学位。被中学教师教育与培训项目录取的学生必须通过高级考试。

高等教师教育的目标在于为小学教育师范学院和技术学院培养教师。要在小学教育师范学院中获得教师教育者的工作，必须持有教师教育文凭。该文凭教育是由政府资助的两年制全日制课程，始于 20 世纪 60 年代，针对那些已经完成了中小学课程并进入大学的学生，旨在培养他们具备教育小学教师的能力。作为继续教育的种类之一，该项目受政府资助，并为结业者提供在教育部门内得到晋升的机会，当时吸引了许多地方教育办公室和教育部办公室的官员报名。

（三）教育机构

除了小学教育师范学院外，乌干达还设有国家师范学院，包括卡巴莱国家师范学院、卡里罗国家师范学院、穆本德国家师范学院、昂亚玛国家师范学院及穆尼国立师范学院等。乌干达的国家师范学院由基扬博戈大学监管，主要培训中等教育教师，其录取政策遵循基扬博戈大学的规定。中等教育文凭入学的最低要求是拥有 A 级证书。课程结束后，学员将获得基扬博戈大学颁发的中等教育文凭。这些学院也提供初等教育文凭课程，入学最低要求是拥有三级资格和其他专业资格，如工艺（II）证书。课程修完后学员获得基扬博戈大学颁发的初等教育文凭。

基扬博戈大学在乌干达的教师教育领域做出了突出的贡献，促进了乌干达的教师专业发展。作为乌干达第二大政府大学，该大学成立于 2003 年，是在三个机构（即教师教育机构、处理残疾学生的技术机构和国家教师研究所）的基础上发展起来的。基扬博戈大学不仅致力于以多种方式发展乌干达的教师教育，还负责监管非洲虚拟大学和开放学习远程教育中心。

基扬博戈大学有 67 所附属教师教育机构，其中包括 53 所小学教育师范学院、7 所国家师范学院（中学教师教育机构）、2 所技术学校、3 所幼儿园教师教育机构以及 2 所其他大学合作伙伴，如位于帕坦迪的肯尼亚特殊教育研究所和坦桑尼亚阿鲁沙师范学院。

（四）课程设置

在乌干达，以基扬博戈大学为代表的教师教育培训机构为各级教师提供了大量专业课程和技术课程，涉及工程、纯科学、社会科学、创意艺术、表演艺术、环境科学、商业研究和特殊需要教育。课程既包括全日制和远程学习的学士学位和硕士学位课程，又包括仅在晚上进行的证书课程，以满足幼儿园教师教育、财务管理、人力资源等领域的具体需求。

大学所设的主要教师教育项目为教师职前教育和教师在职教育项目。教师职前教育计划包含白天和晚上两类课程，主要包括文学和社会科学教育学士、教育学士、理科学士、（理学士）升级学生教育职业研究学士和中等教育教师文凭。教师在职教育计划更加专注于专业发展方面，基扬博戈大学为此提供了 19 种不同的在职教师升级课程，其中 4 种是通过远程开放学习。教师在职教育计划包括教育规划和管理硕士学位、职业教育学硕士学位、教育研究生文凭、教师教育研究生文凭、学士教育学位、教师教育学士、教师技术学士、教师教育文凭和教师技术文凭。证书课程包括管理原理、幼儿园教学、财务管理、人力资源证书管理、项目规划与管理等。教师在职教育计划中的远程开放学习课程也包括教育学士课程。

教师教育文凭课程设置非常广泛，涉及许多领域。1999 年乌干达政府修订了教师教育文凭课程，要求所有学生参加专业研究课程，包括理论、社会学、心理学、教育哲学，完成一项研究项目，并参加两个为期七周的大学实习。还要求学生选择两门学科或一门双主干学科两门学科可以选自：宗教教育、社会研究教育、音乐教育、体育、数学教育、英语教育、斯瓦希里语教育、地方语言教育、教育基础以及幼儿教育。双主干学科包括：农业、工艺美术、商业研究、家政学、技术研究以及科学和健康教育。专业学习每周6课时，两门课每周7课时，双主干课每周14课时。

国家师范学院所设的小学教育文凭的课程通常由三个学科组成：初等教育研究、教育研究和基础研究。上述三个学科涵盖的内容包括：初等教育问题，小学教育课程，幼儿发展与教育，教育测量与评估，小学课堂组织与纪律，教师逻辑，历史与比较教育，教育社会学，教育哲学，学习心理学，教育研究与统计，职业教育，环境教育，特殊需求教育，发展研究，学习和沟通技巧，以及学院认为合适的其他一些内容。攻读小学教育文凭的学员已经是专业教师，因此这些内容是为了丰富和巩固他们作为实习教师的专业素养。

中学教育文凭和英语教学文凭教育课程一般也由三个学科构成：教育学、心理学、教育和发展研究。通过这些学科，受训教师学习教育心理学、儿童成长与发展、教育测量与评估、教育史、教育哲学、教育社会学、教育规划与管理、比较教育、教育技术、课堂管理和纪律的一般方法、教师职业与教师职业行为准则、商务沟通技能、国家和国际发展问题、性别研究和环境教育，以及学院认为合适的其他内容。以上内容贯穿两年的学习生涯，为学生成为专业教师做好准备。乌干达政府非常重视教师教育课程的质量。

由于教师教育文凭课程不包括艾滋病教育、性别教育、和平教育、心理社会教育、多年级课堂教学、大班教学、社区动员和学校参与、特殊需求教育、冲突地区儿童辅导、心理社会教育等，这引起了乌干达教育部门的关注。2006年，教育与体育部计划用两年教师教育学士课程取代教师教育文凭课程，因此对两年全日制教师教育文凭课程进行了全面审查和评估。

（五）师资规模及师资管理

2015 年，乌干达至少有 347 219 名教师受雇于公立和私立学校。政府直接雇用的教师共 266 290 名，包括小学 184 275 名，中学 67 168 名，大专院校 13 870 名，小学教育师范学院 750 名和国立师范学院 227 名。私营部门直接雇用的教师有 80 929 名，包括幼儿发展中心 16 741 名，小学 62 779 名，中学后教育机构 1 120 名，非正规部门教师 289 名。[1]

乌干达的教师队伍存在缺勤、教学效率低、缺少资格认证、专业发展及师风建设不足等问题，其主要原因是教师专业化程度不够。乌干达政府倡导全国教师将终身学习作为适应经济和社会变革的方式之一，并对影响教师需求和供给的因素进行调研，旨在帮助教师培养使个人能够有效参与全球经济和社会发展的技能，从而建设高度专业、具有良好道德品质的教师队伍。

1995 年，教育与体育部引入了教师发展管理系统，目的在于重新培训小学在职人员，使他们掌握现代教学方法，为未接受过培训的服务人员提供学习机会，帮助班主任提高管理技能。

乌干达政府一直致力于为教学专业化和标准化发展提供政策指导，强化教师的专业发展管理，规范和加强各级教师资格认证，促进教师管理、教师发展和教学实践的标准化，培养高素质、积极负责、适应能力强的教师队伍，满足教育发展需求。比如 2018 年乌干达政府提出通过议会法案设立国家教师委员会，负责教师专业化发展和教师资格的注册、认证；建立乌干达国家教师教育研究所，负责实施初级教师培训，在持续专业发展和教师培训方面发挥领导作用。

2019 年 4 月 1 日，乌干达政府通过了《国家教师政策》，该政策为教师

---

[1] 资料来源于乌干达教育与体育部网站。

专业化和标准化发展提供了一个框架。根据该政策，乌干达教育与体育部设立了国家教师委员会作为乌干达教师行业的监管机构。教育与体育部专门设立了临时秘书处，以执行国家教师委员会颁布的方案，同时邀请具有适当资格和经验的个人担任国家教师委员会临时秘书处协调员、行政秘书、数据录入员、办公室助理等职位。2020 年 10 月在国家教师委员会成立前，联合国教科文组织国际能力培养研究所 [1] 在挪威教师倡议的支持下，还与乌干达国家教师倡议项目办公室、非洲教育监管机构联合会和乌干达教育与体育部合作，组织了虚拟研讨会，以商讨乌干达国家教师委员会的职能。肯尼亚教学服务委员会和加纳国家教师委员会也对乌干达的国家教师委员会的成立给予了持续支持。

国家教师委员会的成立对规范教师管理、支持和促进乌干达的教学专业化具有重要意义。作为教师管理实体，国家教师委员会还承担着统计全国各级教师的准确数据、与全国教师培训机构合作、确保教师调配的社区公平性等责任。

第二节　教师教育的特点和经验

一、教师教育的特点

（一）重视教师教育的持续改革

乌干达的教师教育是整个教育系统的基础，该系统随着国家和全球对

---

[1] 该研究所主要任务是支持非洲的教师政策制定。

教学培训、实践和专业整体需求的变化而发展。

在倡导重视优质教育的背景下，教师教育观念的转变确实显得非常重要。无论是教育体制的改革，教育管理部门的改设，还是教师教育入学条件的修改，学科设置、教育方法和教育内容的调整，都体现了乌干达政府对教师管理及教师专业化发展的重视。从教师数量的要求到数量与质量并重的要求，从传统的培训模式到混合式培训模式，从单一的培训内容到多元的培训内容，充分体现了多年来乌干达的教师教育在不断改革中发展。因此，动态变革性是乌干达教师教育的最显著特点之一。

（二）建立相对完备的教师教育体系

经过多年的发展，乌干达的教师教育已具有相对完备的教育体系，形成了政府部门主导、基扬博戈大学监督、以师范学院为主体、以中小学为基地的教师教育协同发展机制。2019 年通过的《国家教师政策》进一步明确了教师教育改革发展的基本框架和走向。通过采取变革与融合的措施来促进一体化的教师教育新体系的形成是教师教育发展的新视角，也是非常有挑战性的工程。乌干达政府在完善教师教育改革中也在不断借鉴肯尼亚与加纳等其他非洲国家的发展经验，为其教师教育体系增添新的内涵。

（三）数字化发展趋势逐步呈现

努力实现教育的数字化发展也是乌干达教师教育的一个特点。技术的进步对教育产生了巨大影响，促进了教育政策的完善，使得信息和通信技术融入学校课程。技术的进步使得教师面临信息化的挑战与机遇。将信息和通信技术引入教育领域，包括教师教育领域，是不可回避的发展趋势。这与穆恩等学者的观点一致，他们认为"新技术的影响正在全球高等教育部门中呈现，教师教育不能忽视这些进步"[1]。

在线远程培训已经成为乌干达教师培训的一种高效的方式。无论是教师职前培训还是在职培训，在线教育都在教师培训中发挥了重要作用。

二、教师教育的经验

（一）以需求促改革，以改革促发展

促使乌干达教师教育特定政策和改革启动实施的因素有很多，比如提高教师素质的需求、外部资助、社会需求的多样化等。从社会需求出发来不断调整教师教育的内容和形式，是乌干达教师教育改革成功的一个重要因素。

首先，提高教师素质的需求是促使实施特定教育政策和改革的因素之一。以国家教师政策为例，该政策旨在提高教师职业的水平。这与潘尼等人的观点一致，他们认为乌干达之所以开始实施雄心勃勃的改革，是为了提高教师质量，增加受教育机会和公平，同时提高小学和小学后教育的效率。[2]

其次，捐助者的资助也导致了一些教育政策和改革的启动，例如，全球教育伙伴关系参与了许多教育改革，如要求小学教师教育的学生在毕业之前必须掌握早期阅读评估方法，并将其应用于学校实践。有学者亦持此观点，他们指出许多人认为资助该系统的捐助者增加、减少、暂停或取消

[1] MOON B, VILLET C. Digital learning: reforming teacher education to promote access, equity and quality in sub-Saharan Africa[R]. Commonwealth of Learning, 2016.

[2] PENNY A, WARD M, READ T, et al. Education sector reform: the Ugandan experience[J]. International journal of educational development, 2008, 28(3): 268-285.

资助可能会影响地方教育改革。[1] 政治因素也促成了各种教育政策的制定和实施，例如在乌干达，教师向政府施压，要求提高薪酬，促使薪酬与学历挂钩等政策随之出台，使那些没有升级学历的人停止了抱怨，而少数拥有较高学历的人则按比例获得了薪酬。这一点在《国家教师政策》中得到了高度体现，该政策提高了所有小学和中学教师获得学士学位的最低资格。

最后，社会需求的多样性也导致了一些教育政策和改革的启动。例如，由于印刷、农业、运输等部门的日常活动对信息和通信技术的强烈需求而引发将信息和通信融合到教师教育中的变革。

（二）利用在线平台推进教师教育发展

乌干达 2019 年的国家教师政策以及学前、小学、中学和高等教师教育和培训政策都与教师教育创新密切相关。教育培训形式的创新是具体表现之一。在线学习平台对乌干达的教师培训和交流具有重要意义，但问题是在教师培训中设计远程学习平台可能非常昂贵，而在线可用的资源又非常有限。

2023 年，乌干达教育与体育部与乌干达电信网络提供商 MTN 公司合作，面向全国教师和教师教育工作者推出了 ULEARN 在线学习平台，旨在实现教师教育数字化，促进优质教育的普及。该平台提供了广泛的教育资源，包括交互式课程、测验和视频，以支持教育系统提供远程和混合学习。它还包括一系列促进协作和交流的功能，如讨论和聊天功能。只要用户使用 MTN 网络进行互联网连接，就可以访问 ULEARN 并使用其所有资源，而无须支付任何费用。这为乌干达教师持续进行能力的提升提供了便利的

---

[1] HIGGINS L, RWANYANGE R. Ownership in the education reform process in Uganda[J]. Compare: a journal of comparative and international education, 2005, 35(1): 7-26.

平台。目前已有来自全国各地的 1 200 多名教师和教师教育工作者使用此平台接受在线培训并取得教师教育能力证书。

（三）借助国际社会援助发展教师教育

自 20 世纪 90 年代乌干达大力推行教师教育改革时起，乌干达获得的国际教育援助大量增加，并且从硬件基础设施援助转向了对教育质量的关注，教师教育也因此受益。

乌干达教师教育的发展受益于该国与国际社会的良好合作伙伴关系。1994 年由美国国际开发署主持援助的"教师发展和管理系统"对乌干达进行了教师教育援助。2009 年以前乌干达接受的国际教育援助多集中体现在小学教育师资领域，后来逐渐转移到中等教育。2009 年以后，针对教师在职培训的项目援助和技术援助开始增加。例如爱尔兰发布了《2010—2014年援助乌干达战略报告》，重点关注卡拉莫贾等乌干达东北部欠发达地区的教师教育援助。日本也参与了对乌干达教师教育的国际援助。这些援助促进了乌干达科学和数学教师的在职教育培训体系的建立。

为提升对乌干达教师教育援助的有效性，乌干达政府与国际社会一直致力于构建良好的援助体系。同时，乌干达政府积极与援助者协商，从乌干达教师教学的实际出发，及时调整援助方案，积极建立乌干达教师教育学校体系和教师培养基地。

综上，教育观念是教育行为的先导，明晰的发展定位和科学的教师教育体系是实现国家教育振兴的重要保障。教师教育变革必须遵循教育发展规律，坚持因时制宜、因地制宜、实践检验的原则，促进改革教师培养模式，努力提高教师教育的信息化和专业化水平。

第三节 教师教育的挑战和对策

教师是教育发展的第一资源，教师队伍的建设是一个长期过程。发展教师教育，需要把握教育需求，遵循教师成长规律和当下教育的发展动态，及时调整教师教育的课程设置，使之更加适应新时期、新形势的要求。

一、教师教育面临的挑战

教师的质量对学生的影响一定程度上比课程质量、教学方法、学校建设更重要，因此，教师教育任重而道远。在当前大变革、大发展、大融合的时代，包括乌干达在内的一些非洲发展中国家的教师教育面临许多挑战。

（一）师范学院教师职前教育面临的挑战

首先，乌干达教师教育职前培训的周期较长。乌干达与其他非洲国家不同的是，要想成为教师必须从公认的教师培训机构获得相应的教育文凭。无论是两年的小学教育文凭或中学教育文凭，还是三到四年的大学教育学位，都需要花费大量的时间和精力才能获得，而且还要参加职前培训和实习。

其次，师范院校招录的学生质量不高。由于乌干达教师的待遇非常低，很多学生都不会把教师作为职业生涯的首选。乌干达大多数申请小学教育师范学院的学生是那些无法参加高等教育的人，他们将小学教育师范学院作为过渡，希望两年后再进入高等院校。在培训期间，学员的兴趣不高、积极主动性差、教师和学员们的实际接触时间短、课程内容设置不合理、教学方法陈旧等因素都影响了师范院校的教学质量和效果。

再次，教师教育课程设置更新慢，无法与中小学的新课程接轨，教学材料匮乏。经济、政治和全球经济的动态变化会导致教育环境的频繁变化，小学教师教育应顺应这些变化。然而，在乌干达，在政府为小学设计新课程的同时，教师教育课程的变化较慢。自 1990 年以来，乌干达的小学课程一直在发生变化。例如，1993 年、1999 年、2007 年至 2012 年，频繁推出新课程。然而，小学教育师范学院的课程与小学课程脱节。这些小学教育师范学院使用由基扬博戈大学编写的标准课程，但教师教育工作者并不熟悉教育的新趋势，例如教与学中的 ICT、性别教育、以学习者为中心的教育等。小学教育师范学院课程以考试为导向，而自 2013 年起政府在小学的课程中强调过程性评价。换言之，许多师范院校教育内容已不适合小学课程的要求。另外，师范院校拥有的教材资源匮乏而且不易获得资金支持，导致受训教师很难开展实地研究和课外活动。

最后，教学语言问题。在乌干达，英语是官方语言，从幼儿园到大学作为教师和学员的第二语言。但导师们的英语并不流利，大多数学员只是在中学取得四年级的成绩，他们对英语的掌握也比较差。结果就是，学生和教师的英语口语和书面能力都很差，严重影响教学效率，导致教学质量不高。

（二）在职教师教育和培训面临的挑战

第一，为在职教师设计的现有课程持续时间短，缺乏统一的、连续的专业发展计划。培训课程的时间太短，不足以提供教授该科目所需的足够知识和技能。很多在职教师很难平衡学习、家庭义务和工作。就个人发展而言，连续多日的课程有利于在职教师快速提高教学知识和技能，但这种培训通常安排在节假日，这就让教师们不得不牺牲休息和与家人相处的时间。

第二，政府拨款有限，在职教师培训经费不足。不论是线下培训还是在线培训，大多培训课程都需要付费，但政府拨款有限。尽管一些教学单位非常支持自己的教工参加培训，也可能有些组织提供奖学金或团体折扣，但对大规模的教师群体来说，这些资助非常有限。

第三，现代化教育技术和设备不足。在数字化和信息化时代，教师获得一定的教育技术至关重要。学校应为教师配备齐全的现代化教学设备，如电脑和投影仪等，教师则应该掌握使用这些教学设备的技能。但目前关于培训使用现代教育技术设备、应用软件或平台的课程较少。

二、教师教育发展的对策

教师教育的发展不是一朝一夕、一蹴而就的事情。在未来各种复杂的条件下如何应对各种挑战是一项值得深入研究的课题。

（一）职前教师教育发展对策

为加强职前教师的教育和管理，教育与体育部于 1995 年引入了教师发展管理系统，并于 2019 年出台了《国家教师政策》。根据《国家教师政策》提供的框架，教育与体育部制定和实施教学标准、机构领导和教师资格框架，使之与区域框架相协调，从而促进教师专业化和标准化发展，并加强教师管理。针对教师数量不足、师资短缺的问题，乌干达政府则提高了教师的待遇，希望借此提升他们的职业荣誉感，激发他们热爱教育事业并愿意长期服务于教育行业的决心。

在小学教育师范学院，根据小学最新课程标准框架和教师自身的知识和经验水平适当调整教师培训的内容。此外，加强对小学教育师范学院教师教育课程的审查，基扬博戈大学和教育部、国家课程发展中心一起努力，为小学教育师范学院和小学编写统一的课程。

最后，针对教学语言不统一问题，对策之一是编写双语新课程。学生在第一周用母语学习，第二周接受同样的母语和英语教学，第三周接受英语教学。通过这种方式，学生将能够建立两种语言之间的联系，并将他们的第二语言英语与母语联系起来。

（二）在职教师培训应对策略

首先，要重视教师的质量。2019 年乌干达教育与体育部开除了 3 万名不合格教师，其中包括学术造假的教师。在同年年底教师注册和验证工作结束前，有 8 万名教师注册，国家越来越注重教师的质量，教师行业竞争开始变大。要努力为教师提供持续的专业发展机会，包括获取新的学习内容和技能的机会，与同行进行教学沟通和交流的机会，获得同行反馈的机会等。其次，教育与体育部发起并资助了一些教师发展项目，如 SSEMAT、TDMS、CITEP 等，还对一些高中毕业生（应届生）进行了资助。在中学和师范学院建设新实验室，为非学校管理人员创造晋升阶梯，创造更多就业机会。鉴于各学校资金不足的问题，乌干达政府根据教师教育发展以及财力状况，适度提高了对教育的财政支持力度并努力寻求国际支持，以弥补教学材料及教学设施的不足。鼓励各教学单位多方筹措资金，最大限度地帮助本单位教师进修。制定鼓励教师进修的政策，鼓励教师参加各级各类教师业务培训，在搞好教学工作的前提下，坚持在岗进修。此外，充分发挥互联网的作用，开展线上线下相结合的混合式培训，充分利用面向教师和学生服务的免费教学平台，如 Walktrack Edu 平台、Passuneb.com 电子学习平台、乌干达考试平台（Exam Uganda，包含小学、中学和大学所有级别的考试问题）、2023 年刚刚推出的专门针对教师教育的 U-learn 在线平台等，以节省培训成本。

教师教育的重要性不言而喻。乌干达要确保各级教师教育的成功还需付出更多努力，要充分认识到教师教育中的问题和挑战并积极应对，积极促进教师的成长，促进国家综合实力的提升。

第十章 教育政策

在乌干达，教育与体育部负责整个教育系统的政策制定、标准制定、工作协调、质量监测等工作，但随着教育分权制改革的实行，地方委员会在财政、立法、政治、规划和人事等方面被赋予了更大的权力和责任。

第一节 政策与规划

从教育政策的制定过程来看，乌干达主要经历了六个阶段：殖民阶段（1925—1962 年），独立初期探索阶段（1963—1971 年），动乱和螺旋式发展阶段（1972—1979 年），恢复、重建和改革阶段（1980—1992 年），教育普及与发展阶段（1993—2000 年），新世纪教育新规划阶段（2001 年至今）。

一、政策规划概况

乌干达的教育规划在独立之前就已经开始。独立之前非洲的教育规划主要掌握在教会组织手中。他们不仅决定政策，还负责在他们的势力范围之内实施这些政策。较早关于教育政策的建议来自菲尔普斯–斯托克基金会。1925 年，该基金会资助的委员会到访东非和南非，注意到非洲的教育主要控制在教会和当地酋长手中，因此建议政府应该通过监管和财政支持等方式参与教育政策的制定和实施。正是在这一建议之下，乌干达殖民政府成立了第一个教育部门，并指定了非洲教育事务的负责人。

乌干达独立之前影响最大的教育政策与规划是由本生教育委员会于 20 世纪 50 年代发布的报告《乌干达的非洲教育》。该报告强调教育非洲化，为国家的经济发展培育更高层次的人才。该报告事实上引领了 20 世纪 50 年代非洲教育的发展方向（前文已经论述，此处不再重复）。

独立之初的乌干达在教育发展上没有经验，也缺乏有经验的教育工作者，因此基本还是遵循了英国的教育体制和模式，采用 7+2+4 的教育模式，并主要依靠世界银行来制定本国的教育发展计划。然而重视教育的乌干达人很快意识到这种做法的弊端，并寻求探索教育机制性改革。因此在 1962 年乌干达独立之后，教育管理、教育政策制定、教育资源分配等工作就从教会和殖民政府的各级机构手中转移到乌干达中央政府和各级政府部门手中。

1963 年，中央政府成立卡斯尔委员会，标志着独立后的乌干达教育改革的启动。该委员会成立的目的是考察乌干达的教育内容和结构，为提升这个新建国家的教育水平提供参考。该委员会提交的报告总结了委员会通过考察发现的乌干达教育面临的严重问题："当一半以上的国民是文盲，人民合理地要求接受教育；当教师数量短缺，训练不足；当政府和工业需要训练有素的员工；当失业率居高不下；当国家穷困潦倒——政府应该寻求何种政策？"[1]

当时的教育发展面临两难的选择。如果政府致力于普及小学教育和成年人扫盲，而忽视中学教学和高等教育，那么将不能培养国家发展所亟须

---

[1] DAVID R E, SENTEZA-KAJUBI W. Education policy formation in Uganda: continuity amid change[R]. Washington D.C.: USAID, 1994:130.

的高层次的政府工作人员和教育发展所需要的教师。反之，国家将不能全面提高国民素质。

受制于当时的历史条件，委员会能够提出的教育政策很有限，不过该委员会在慎重分析乌干达的教育需求后提出了一项十年发展规划，建议优先大力发展中等教育，为工业发展提供人力资源，同时为小学和中学培训教师，以满足扩大教育规模的需求。对于小学教育，委员会认为发展重点应放在提高质量以及提高边远地区的入学率上。该委员会还提出提升技术和农业教育的水准，提高女童的入学率，为成年人提供更多识字教育的机会。该委员会的报告几乎没有提及提升教育质量，对教育目标、内容、教育体系等也只有寥寥数语。该委员会的一个显著特点是把当时依旧颇有影响的教会排除在外，这是制定全国统一的教育政策的开端。这一报告成为独立初期乌干达教育系统的基础。

卡斯尔委员会报告的各项建议在接下来的十年中得以陆续实现。教育政策主要由五年发展计划引领。每一个五年计划中都包含一章教育政策和规划。第一个五年计划（1961—1966年）是在独立之前发布的，因此反映的还是殖民政府的利益，同时也在为乌干达独立做全面准备。当时对教育的要求是能为本土化政府管理服务和经济发展培养所需要的人才。因此，计划强调的是中等教育和技术教育，对基础教育关注不够。第二个五年计划（1966—1971年）也强调中等教育的重要性，其结果就是政府财政对中等教育的投入远大于对初等教育的投入。第三个五年计划（1971—1976年）开始关注一直被忽视的初等教育，提出扩大初等教育的计划。这一计划为普及小学教育打下了基础。

从乌干达独立到1970年，政府一直努力以政府主导的方式系统地勾勒教育发展蓝图。然而第三个五年计划的希望被1971年1月的军事政变打破。当时乌干达的二号人物伊迪·阿明突然发动军事政变，将民选总统奥博特赶下台，自任总统，自此，乌干达进入了全国灾难阶段。

卡斯尔委员会报告确立的教育体系一直持续到 1977 年教育政策考察委员会成立。该委员会成立时，乌干达由于阿明的军事独裁，几乎处于与世隔绝状态。阿明政府驱逐英裔亚洲人、经济衰落、严重违反人权等暴行导致大量的知识分子和学界精英逃离乌干达，流亡海外。同时由于很多国家和乌干达断绝了外交关系，外界的教育援助也大量削减。因此 1977 年的教育政策考察委员会面临的一个问题就是要全面考察教育体系存在的严重问题，并就如何自主发展教育提出对策。

教育政策考察委员会于 1978 年 1 月完成了考察报告，并于 1979 年 2 月提交给了教育与体育部。该报告长达 400 余页，由 279 条建议组成，不仅检视了学校教育，还考察了由其他组织机构实施的各种教育活动。

遗憾的是，彼时的乌干达战乱不断，该报告也被束之高阁，一直到 1979 年阿明政府被推翻也没有得以实施。此后，被视为"现代乌干达国父"的阿波罗·米尔顿·奥博特于 1980 年开始执政，却又开始了长达 5 年之久的政府军和穆塞韦尼的游击队之间的战争。战乱给教育带来了灾难，战争期间任何教育改革都变得徒劳。不过从 1981 到 1985 年，乌干达政府实施了恢复计划，寻求国家重建和发展，其中也包括教育复兴计划。这一计划中的课程设置更实用，更注重技术培训，主要包括以下内容。（1）提高教师教育的基本水平。这不仅是此前政策的新方向，而且强化了政策向质量转向，与该项新政策配套实施的还包括提升教师工资等措施。（2）重视走读学校而不是寄宿学校教育。这一方针对于以更低的投入增加更多机会的初中教育更为实用。（3）教育管理、规划和监管去中心化，目的主要是让政策制定更接近该政策实施的环节；鼓励社区决策和规划机制；使社区服务供给成为现实；加强对系统的监管。（4）鼓励地方层面团结互助。这一点由于去中心体系而得以推进，更容易鼓励人们通过提供劳动、捐款或者捐赠建造学校的物资等方式支持教育计划。（5）课程设置更为多元化。通过引入补充的技能培训来丰富传统的学业课程，传递社会和文化价值，注重实践和直接的产出项目。[1]

1986 年穆塞韦尼的"全国抵抗运动"最终掌权。新政府开始了包括教育在内的一系列改革举措。穆塞韦尼政府选择在教育领域优先进行改革,主要原因是教育领域的积极改变能推动其他领域的发展。

穆塞韦尼政府在教育方面采取的措施还是比较成功的,教育事业发展比较快。1987 年组建教育政策评审委员会,负责研究、指导教育行业的各项事务。该委员会提出的最重要的建议是,最迟在 2000 年前,乌干达实现普及小学教育,强调要确保每个适龄儿童都能进入小学就读,而且不能在没有完成学业的情况下辍学。该委员会于 1989 年递交了一份长达 236 页的报告,主要强调了以下内容:教育的价值、目标;课程改革,讲授能助推国家发展的实践技能,加强学校教育和现实生活之间的联系;加强教师培训,提高教师能力。

该报告还指出乌干达教育体系中存在的一些问题,如初等教育主要存在以下问题。(1)教学重视事实性知识的习得,忽视批判性思维和解决问题的能力的培养。评价机制也更聚焦测试事实性知识,而不是聚焦逻辑推理能力或者解决问题的能力。(2)艺术和体育课常常流于形式,学校更重视四门主科:数学、英语、科学和社会科学。(3)考试在教学体系中拥有中心地位,所有的教学和学习都以考试为导向。教师讲什么就考什么。小学毕业考试也不是考查国家发展所需要的技能,而只是考核事实性知识。

正是在这样的背景之下,教育政策评审委员会提出了改革现行考试体系的建议。该委员会建议要进行过程性评价,以期形成包括认知、身体素质、社会发展、情感发展和审美发展等多个方面在内的全面评价体系。这样学生在多个方面的潜力都能被评价和强化,并能体现出个体差异。对于评价改革,教育政策评审委员会提出了以下特别建议。(1)评价应该既是形

---

[1] 资料来源于联合国教科文组织网站。

成性的，也是终结性的，并确保能起到提升教学和学习的目标。评价不应该仅仅成为宣布学生是否"通过"考试的工具。（2）评价应该成为教学的有机组成部分，并起到强化学生学习的作用。（3）评价应该采用多种策略，比如阶段性考试、作业、练习、口头和书面考试等，而这些评价策略中得到的反馈应该反哺教学。（4）考试不应该仅仅成为决定学生是否能升级的工具，而是应该激发学生的学习兴趣，促进有效的、有意义的教学。（5）应该保留学生所有课程的成绩单。

1990 年乌干达国家课程发展中心根据这一报告出台了新的初等教育课程体系。同时作为对教育政策评审委员会各项建议的回应，1992 年，乌干达发布《政府教育白皮书》，对 1989 年教育政策评审委员会报告进行了较大的修改。国家课程发展中心根据白皮书的建议对初等教育课程体系再次进行修改，最大的变化出现在职业科目和语言政策上。教育政策评审委员会报告建议，职前教育技能应该被引进课程之中，包括从五年级开始开设农业和制造技能课程。第二个明显的不同在于斯瓦希里语作为必修课开设。《政府教育白皮书》是乌干达教育领域最为系统全面的语言政策指南。语言规划之所以对乌干达教育发展具有战略意义，一个重要原因是该国的语言种类繁多、语言使用比较复杂。

归纳起来，《政府教育白皮书》的语言政策建议主要包括以下几点。第一，在农村，小学一到四年级使用当地通用的民族语言作为教学语言，小学五到八年级 [1] 使用英语为教学语言。第二，在城市，整个小学阶段都使用英语作为教学语言。第三，英语和斯瓦希里语是整个小学阶段所有学生的必修科目。第四，相关地方性通用语言也将作为小学的一门课程来教授，城市和乡村小学均适用。地方通用语言是小学结业考试科目之一，但是否参加这一科目的考试，学生可以自行决定。不过乌干达全国考试会提供五

---

[1] 当时小学八年级并不存在。

种教学语言来进行。[1]第五，中学从一年级开始，英语继续作为教学语言，斯瓦希里语和英语仍是必修科目。同时，鼓励学生学习另一种外语和主要的乌干达民族语言。第六，中学阶段要强化斯瓦希里语教学，以便为培养斯瓦希里语教师做好准备。第七，为促进乌干达民族语言的发展，成立国家语言顾问委员会。第八，成人扫盲项目中的教学语言由地方当局负责选择。恢复原有的地区语言委员会，协助发展地方语言，特别是地方语言基本读写能力的普及和提高。第九，政府应该任命一个特别委员会来解决乌干达国家语言问题。[2]

《政府教育白皮书》的建议直到2007年随着新课程的落实才得以全面实施。新的课程方案要求学生以第一语言或者熟悉的语言学习，并特别设计四年级作为从地方语言教学到英语教学的转折点。从四年级开始，英语和学生的第一语言都应用于教学之中，而第一语言主要用于解释某些难以理解的概念。

《政府教育白皮书》最重要的内容还在于乌干达小学教育普及问题，提出乌干达普及小学教育的时间应根据国家的实际情况推迟到2003年，并立即开展普及小学教育的各项准备工作，包括教师培训、学校配套的教学资源的准备。《政府教育白皮书》还阐明了乌干达教育体系的发展目标，宣传乌干达的教育目标是提升公民意识、道德修养和精神面貌；提升公民的科学、技术和文化知识，增强实践技能；消除文盲，培养具有基本技能、知识和能力的人才，为建立一个团结、自助和独立的国家经济体系服务。

与白皮书实施配套，乌干达教育与体育部推出了教育部门五年投资计划。这一投资计划主要包括以下领域：（1）实现各等级受教育机会均衡发展，小学、中学、大学贯通协调；（2）提高教育质量，尤其是提高小学教育的教学质量；（3）加强教育服务管理；（4）强化教育与体育部的管理能力，

---

[1] 乌干达的五种教学用地方语言为卢奥语、卢恩亚卡塔拉语、卢干达语、卡拉莫琼语、卢格巴拉语。

[2] 郑崧. 乌干达初等教育教学语言政策评析 [J]. 北华大学学报（社会科学版），2022（1）：20.

加强对教育计划、项目规划和教育投资的管理。

1997 年，乌干达颁布《地方政府法》，并依据该法实行教育分权改革。乌干达的教育分权实施得较为彻底，在非洲国家中具有一定代表性。在分权之前，乌干达整个教育系统的权力集中于中央政府，地区政府负责实施中央政府制定的政策。在分权制改革后，新的治理结构得以确立，改变了此种二级集权治理模式。地区不再只是执行中央政府的教育政策，地区一级的教育工作人员除了负责监管之外，还参与经费支出、报告、预算的制定及监督和评估。在分权制下，地方政府有权决定预算与支出。乌干达的教育拨款经中央核算之后，以有条件补助金、无条件补助金或均衡化补助金的形式发放给地区。[1]

1997 年，乌干达全国推行普及初等教育（前文已经论述，此处不再重复）；2007 年 2 月，乌干达政府开始在全国推行普及中等教育（前文已经论述，此处不再重复）。

1999 年启动的教育全部门方法是普及初等教育的需要，目的是保证更多适龄儿童进入小学学习。所谓全部门方法就是捐赠者不是仅仅聚焦某一个特定项目，而是资助一种联动的、各部门协调的项目的实施，是一种多方联动的资金投入和捐赠机制。[2] 这一方法不仅在教育部门，也在医疗卫生部门实施。在乌干达教育系统中，教育全部门方法把政府部门、教育基金会、私人捐赠、非政府组织、民间组织和其他资金持有者充分协调到位，确保教育政策、规划的充分实施。1996 年之前，外部资金支持和乌干达政府之间的合作都是彼此独立的行为，没有放置在全国教育战略的框架之中。然而普及初等教育的实施亟须更多外部力量参与进来。为了适应这一需求，主要的外部机构组建了"教育基金会"，而乌干达教育与体育部相应地成立

---

[1] 郑崧，孙侃. 乌干达的教育分权：政策、效果与意义[J]. 比较教育研究，2014（5）：19-23.

[2] BROWN A, FOSTER M, NORTON A, NASCHOLD F. The status of sector wide approaches; Centre for aid and public expenditure (Working paper). London: Overseas Development Institute, 2001:142.

了"教育咨询委员会"。这些机构和"教育部门审查"过程一起，强化了多方联动，参与教育规划、管理和调控。

教育全部门方法的引入影响了教育与体育部的角色以及部门的每一位工作人员的角色和责任。比如，当地政府的改革和分权政策把教育与体育部的角色从直接提供服务转换成政策制定、调控和评估，制定全国标准，监管和对合作的技术支持。这些改变与教育全部门方法的原则是一致的。教育全部门方法的引入也使得地方的行政能力亟待提升。教育部门引入教育全部门方法最为明显的变化出现在规划、交流、管理等领域。在教育全部门方法引入之前，规划是教育与体育部的特权，而地方政府只是实施者。在这种情况下，交流也是单方向的，而且管理权也集中于教育与体育部。引入教育全部门方法增加了规划、政策制定、监管、评估的参与方，使得教育的资金注入方都有权力参与到这些环节。此外，教育全部门方法的有效运转需要常规报告和反馈制度，这就需要对交流策略进行重新调整。而这反过来又从根本上推动了乌干达教育与体育部向现代组织机制转型。

二、政策规划中存在的问题

乌干达教育政策的制定和实施取得了巨大成就，但由于它与英国教育模式和理念的继承关系、教育政策由上而下的制定模式等特点，乌干达的教育政策规划也存在一些明显的局限性。

（一）教育政策具有稳定性，但缺乏革新精神和本土特色

纵观从 1953 年本生教育委员会报告开始的乌干达教育政策制定模式，我们不难发现，尽管乌干达的政权更迭频繁，但其教育政策的制定却具有

连续性、稳定性和系统性。在各个时期组建的教育评价委员会以及考察报告基本都包括以下内容：提升入学率、为国家发展提供熟练的劳动力、提供相关的职业培训、建立完整的大中小一体化的教育体系等。不同时期的教育政策的调整也能看出清晰的脉络：教育发展重心逐渐从中学教育和大学教育转移到小学教育，并最终谋求不同教育阶段的平衡。教育政策制定的连贯性和稳定性部分归功于国家独立之后成长起来的一批教育家，他们对乌干达的教育发展具有相当的影响力。这批教育家集中活跃在麦克雷雷大学、教师培训学校、国际组织的海外机构中。

然而，事物总是具有两面性。乌干达教育政策的连贯和稳定也往往意味着缺少创新性和本土特色。究其原因，有以下两点。其一，教育政策制定的连贯性和稳定性在很大程度上是由于乌干达的教育机制和教育理念继承了英国的模式。和很多非洲国家不同，乌干达独立之后，在教育结构上没有做重大改变。其二，国际社会的持久影响使得乌干达的教育政策和规划缺乏本土特色。乌干达的教育政策和国际教育机构、组织有着千丝万缕的联系。最早是殖民当局的操控，后来由于乌干达的教育工作者积极参与到国际教育组织中，世界银行、联合国教科文组织等作为重要的国际教育资助组织对乌干达的教育政策制定都具有潜移默化的影响。例如，20 世纪70 年代联合国教科文组织推动的纳木坦巴乡村教育项目逐渐发展成乌干达在全国范围执行的小学教育课程规划，并在 1978 年的教育政策考察委员会报告中得到官方承认。

（二）政策制定由国家政治意志驱动，而不是由教育本质需求驱动

教育与体育部的教育政策制定带有由上而下推行的特点。无论是教育分权改革，还是全国推行普及初等、中等教育，均呈现出由国家政治意志主导、自上而下推进的特点。主导者往往是教育与体育部、国家其他行政

部门，甚至是国家元首。这就带来了许多问题。比如，教育分权中出现了分权不彻底、不科学问题。客观地说，乌干达的教育分权是比较彻底的，它打破了原有的二级集权治理模式，而把权力、资源和责任下放到最低一级的机构——学校和社区。但与此同时，官僚机构的集权也得到了强化，在诸如课程设计、评估、教师发展等领域，乌干达保持了强有力的中央管理权。分权改革不可能在其规划阶段就对分权对教育所可能产生的即时影响和深远意义做仔细的思考。这就造成了乌干达教育分权改革在实施过程中，在政治、行政、财政等方面暴露出诸多问题，导致深入改革受阻。[1] 再比如，语言政策规划中存在的政府强制的问题。在 1927 年的备忘录、1944年的发展规划、1952 年的教育报告、1953 年的本生委员会报告、1957 年关于英语教学的特别计划、1992 年的《政府教育白皮书》等关于语言的规划和调整均是如此。

（三）国家政治的不稳定性影响了教育政策的实施

乌干达政府确立了两个长期的教育目标：一个是扩大小学教育规模，实现普及小学教育；另一个是为国家经济发展提供充足的劳动力。这两个目标一直贯穿于乌干达的教育政策实施过程中，但却不时被政治动荡所打断。其中最严重的教育政策实施中断出现在阿明执政期间。这个全国灾难时期影响了包括教育系统在内的各个发展部门。这种破坏性的教育发展停滞的影响是巨大的，比如造成了此后相当长时间内乌干达教育的四大问题：文盲问题长期存在；各个学段的高辍学率；教师数量不足、质量不高；毕业人数和实际就业机会之间差距较大。[2]

---

[1] 郑崧. 乌干达初等教育教学语言政策评析[J]. 北华大学学报（社会科学版），2022（1）：23.

[2] 资料来源于世界银行网站。

第二节 实施与挑战

教育政策体现了一个国家治理教育的方针，反映出该国政府在教育方面采取的行之有效的政策措施，以满足该国不断增长的教育需求，提高国家教育服务供给能力。政策的具体实施受到国家层面的质量保障情况及对国际教育援助的依赖等因素的影响。

一、教育政策的实施

教育政策的实施涉及教育体制实行原则、学校运行条件、教学大纲、课程大纲、教师培训、考试制度等，同时涉及多个部门，实施过程中难免遇到一些问题和挑战。

（一）教育政策实施的具体情况

在乌干达，教育政策的具体执行部门是教育与体育部以及地方政府。教育与体育部负责制定具体教育政策，指导、协调、规范全国的教育。自20世纪90年代中期实行教育分权制改革后，教育行政管理和资金分配权下放到地方政府。在下放权力的同时，乌干达教育与体育部也进行了重组。保留了分权之前设立的3个独立的机构——全国课程发展中心、全国考试委员会和全国高等教育委员会。改组后的教育与体育部由8个部门构成，每个部门又下设一些机构，如政策分析办公室、资源中心等。与此同时，教育与体育部还设立了3个新的技术部门——采购办公处、建设管理处和教学材料处。为了履行更为专业化的职能，教育与体育部又创建了几个半独立的机构——教育服务委员会、教育标准局、乌干达联合国教科文组织理事会等。[1]

（二）教育政策的监测与评估

教育监测与评估可以准确、及时地评估教育政策执行情况以及相关利益方对教育政策的反馈。乌干达教育发展中极为重视教育监测与评估。乌干达教育与体育部联合相关利益方制定了关键绩效指标，并依据绩效指标收集、分析教育数据，从 2003 年开始定期发布《教育与体育部年度表现报告》，截至 2023 年 2 月，已经发布 17 期。《教育与体育部年度表现报告》通常以国家发展计划、教育与体育部战略规划、总统任期宣言、部长政策声明等文件中确定的关键绩效指标来进行评估。

乌干达采用的评估教育政策的标准通常包括以下内容：（1）内部有效性（学生在学率、低流失人数）；（2）外部有效性（学校教育和劳动力市场之间的匹配度，低失业率、毕业生高生产率、高成本收益率）；（3）公平性（入学体系、社会经济群体的教育成本发生率和收益率）；（4）非定量的指标（国家政策、乌干达化）。具体关键绩效指标包括毛入学率、净入学率、学业完成率、毛吸纳率、净吸纳率、性别平等指数、识字率、生师比、复读率、学龄人口数等。[2]

二、政策实施中的问题

乌干达教育政策实施的过程与结果往往并不能尽如人意，原因是复杂的、多方面的。资金匮乏、教育资源缺乏在一定程度上限制了教育规划的

[1] 郑崧. 乌干达初等教育教学语言政策评析[J]. 北华大学学报（社会科学版），2022（1）：20.
[2] 资料来源于世界银行网站。

高质量完成，此外，政局不稳、领导人更迭、政策宣传不到位、各方面协调不畅等因素均在一定程度上影响了教育政策的实施。

（一）国家层面质量保障不利

由于教育分权，乌干达国家层面对教育政策的保障体系不够完善，面对各级教育机构不断增加、入学人数不断增长等新情况，乌干达出现了基础设施不足，有资质的教师数量不足，各教育行政部门之间缺乏协调、沟通、合作等问题。以乌干达高等教育发展中出现的问题为例。21 世纪初，乌干达的大学数量从 1987 年的 1 所增加到 31 所，而接受高等教育的人数也由 1990 年的 17 000 人增加到 2000 年的 59 716 人。而到了 2020 年，仅麦克雷雷大学、姆巴拉拉科技大学、麦克雷雷大学商学院、古卢大学、基扬博戈大学、布塞特马大学、卡巴莱大学、穆尼大学、里拉大学、索罗蒂大学、乌干达管理学院等 11 所大学的人数就达到了 107 637 人。[1] 尽管 2001 年乌干达政府通过了《大学和其他第三级教育机构法》，并根据该法成立了全国高等教育委员会作为乌干达的法定管理机构，为乌干达高等教育发展制定标准、章程，组织检查、认证，以期为乌干达高等教育提供一个有效的外部质量保障机制。客观地说，这些措施起到了一定作用，但时至今日，乌干达大学教育发展依旧面临资金保障、资源配给、教室、实验室设置、办公场所等资源供给不足的问题。

师资力量不强，教师职业化程度不高一直是困扰乌干达各项教育政策实施的瓶颈。2019 年乌干达国家计划部的统计表明，教师学术素养薄弱，教师职业化程度一直处于下降趋势。虽然通过大量教师培训项目，越来越多训练有素的教师进入教育体系，但却远远满足不了中小学越来越多入学人数不断增长的需要。

---

[1] 资料来源于乌干达教育与体育部网站。

（二）政府对国际教育援助还存在依赖

乌干达的教育在很大程度上高度依赖国际援助，双边和多边机构每年通过项目和预算等方式为乌干达提供大量教育援助。[1] 对乌干达的教育援助中，最重要的是世界银行，其次是美国、英国、联合国教科文组织等。2005年，多家国际援助组织发布了《联合援助乌干达共和国策略》，意在协调统一援助行动。这些援助取得了显著效果，比如国际教育援助推动了乌干达重要教育政策的实施，增加了初等和中等教育的入学人数，缩小了乌干达教育机会在性别、地区和贫富上的差距，促进了教育公平，也促进了乌干达教育系统的能力建设等。[2]

然而，国际教育援助在非洲国家的实施也存在一些明显的问题。比如援助可替代性问题，也就是由于外援介入而导致受援国责任减弱、参与度不高的情况。[3] 这对于非洲国家的教育增强自身造血功能是不利的。再比如某些国际教育援助具有条件。世界银行采用"部门调整信用"的方式对乌干达教育部门进行援助，这种方式规定了资金发放的明确条件，涉及预算分配和教育政策问题，而且在支出、记账和审计方面也列出了要求。[4]

---

[1] 郑崧，孙小晨. 国际社会对乌干达的教育援助：结构与效果 [J]. 比较教育研究，2012（12）：10-14.

[2] 郑崧，孙小晨. 国际社会对乌干达的教育援助：结构与效果[J]. 比较教育研究，2012（12）：10-14.

[3] CORDELLA T, DELL'ARICCIA G. Budget support versus project aid：a theoretical appraisal[J]. The economic journal, 2007, 117(523): 1260-1279.

[4] 张玉婷. 国际社会对非洲教育援助发展态势分析[J]. 比较教育研究，2016（4）：20.

第十一章 教育行政

　　教育行政是政府的职能，指的是政府通过教育行政部门对该国的教育事业进行组织、领导和管理。教育行政是国家行政的重要组成部分，也是一个国家教育发展的重要推手，对于保障该国全体公民的受教育权利、促进国家教育事业的发展有着重要意义。

　　国家对教育进行领导管理的组织结构形式及工作制度，即教育行政体制，对教育行政机构的行政活动和行政职能具有重要的规范作用，主要包括教育行政组织机构的设置、各级教育行政机构的隶属关系及职权划分等。科学、完善的教育行政体系是教育行政机构正常运转、发挥职能的基本保证。教育行政体制的形成是国家政治体制、经济体制、文化传统和教育体制等综合作用的结果。

　　截至 2022 年 3 月，乌干达有 135 个区和 1 个首都市。[1]尽管乌干达行政区众多，但国家权力，包括行政、立法和司法权力都主要集中在中央政府，地方各级政府服从和接受中央政府的领导。其教育行政也是如此。在教育管理工作中，乌干达中央政府通过教育与体育部领导全国教育事务，地方政府及地方教育行政部门主要以执行中央制定的教育法律、政策、规划和指令为己任。虽然在一定程度上实行了教育权力下放政策，如主要由地方政府负责

---

　　[1] 中华人民共和国外交部. 乌干达概况 [EB/OL].（2023-04）[2023-07-10]. https://www.mfa.gov.cn/web/gjhdq_676201/gj_676203/fz_677316/1206_678622/1206x0_678624/.

初等教育，但主要权力仍集中于教育与体育部，由该部门负责管理整个国家的教育事业。

第一节 中央教育行政

国家教育行政权力结构是教育行政的核心。在乌干达，教育与体育部是负责管理和监督全国各级教育的内阁级部委。作为乌干达主要的教育服务提供部门之一，教育与体育部负责制定重要的政府教育计划，如普及初等教育、普及中等教育，并致力于提高全民的教育水平、提升国家形象等。

一、中央教育行政机构

乌干达教育与体育部由一名教育部长领导，并由三名分别负责初等教育、高等教育和体育的副部长协助开展工作。教育与体育部下设 11 个由专员领导的部门，包括教育标准部门[1]、高等教育部门、工业培训部门、中小学基础教育部门、特殊教育与全纳教育部门、教育行政与财务部门、人力资源与管理部门、教育指导与咨询部门、体育教育与体育运动部门、社会性别主流化部门及教育规划部门。

其中与乌干达教育行政密切相关的几个协调部门包括教育标准部门、教育行政与财务部门、教育指导与咨询部门等。教育标准部门的任务是制定教育和培训标准、质量标准和审查制度，并监督这些标准的实施情况，以确保各学校、机构的教育和培训质量不断提高，是教育与体育部的质量

---

[1] 英文名称为 The Directorate of Education Standards，简称 DES，是教育与体育部根据 2008 年《教育法》设立的三个协调性部门之一，总部位于首都坎帕拉。

保证部门。教育行政与财务部门由副部长领导，负责各部门的资源分配，确保有效地部署和利用人力在行政、机构管理、财务资源管理、人力开发、公共设施和资产的采购和处置等领域提供服务。该部门对外与发展伙伴、私营部门和其他部委进行互动，在协调教育系统的外事工作及与其他部门的联系方面发挥着关键作用。教育指导与咨询部门提供教育战略和技术指导与咨询，以及艾滋病防治、心理社会问题等相关支持服务，同时发挥教育协调和监督功能。

中小学基础教育部门、高等教育部门、工业培训部门、特殊教育与全纳教育部门分别负责全国基础教育（含学前教育）、高等教育、职业技术教育、特殊教育和成人教育，协调、指导和监督区、县及有关部门的教育工作。

此外，教育与体育部还设有半自治或完全自治的教育服务机构。这些机构包括国家课程发展中心、乌干达国家考试委员会、教育服务委员会等。

国家课程发展中心是教育与体育部下属的法人自治机构，负责为乌干达的学前、小学、中学和高等教育机构制定教育课程。其职能包括启动课程研究、审查和改革、更新、测试和协调各级（学前、小学、中学和高等）教育课程的实施，以及颁布实施改进的教育课程和教学指南。国家课程发展中心通过研究创新，协同利益相关者的多方参与来开发高质量、公平的课程和教学材料，以满足教育发展需求。

乌干达国家考试委员会是根据 1983 年《议会法案》设立的。该委员会是一个法人团体，负责在乌干达组织和管理中小学教育周期结束时的考试及与考试相关的研究，主要职能是在乌干达境内组织初级、中级和符合公共利益的其他考试，向考生颁发证书，研究和开发考试系统，订立考试规则，并对考试进行规范化管理等。

教育服务委员会是根据 1995 年《乌干达共和国宪法》设立的，其主要任务是为总统提供咨询和建议，以更好地履行与《宪法》第 172 条有关的职能；负责任命教育服务部门的所有人员，并发展和提高这些人员的素质，使其为乌干达提供高效、专业、负责、透明的教育服务。教育服务委员会的愿景是"为高素质的教育服务人员提供优质的教育"[1]。

此外，乌干达还设有商业和技术考试委员会，负责管理全国的商业、技术和职业教育与培训，设有全国高等教育委员会，负责高等教育机构的认证和质量保证。

上述各级各类教育行政机构是乌干达中央教育行政体制的组织形态。现代化国家都把教育看作是发展的重要前提，所以从国家角度出发，必然要在管理上采取一些措施来干预教育，以实现国家教育总体目标，而乌干达中央政府正是通过教育与体育部及其下设的各种教育行政机构和部门来进行教育行政管理的。

二、中央教育行政的革新主张与实践

自 20 世纪后半叶以来，乌干达中央政府在教育领域推行了一系列改革，包括普及初等教育改革、教育分权改革以及高等教育自由化改革等，以不断调整原有的教育结构、扩大初等教育和高等教育的规模、实现教育权力下放等改革目标。

（一）初等教育改革

乌干达初等教育改革始于 20 世纪 60 年代，后在十年政治动荡时期停止。1986 年穆塞韦尼上台后，充分认识到了现行教育制度的不足以及教育成果与经济发展需求之间存在的巨大差距，于是开始恢复教育改革，开始在国家整体发展战略的框架下大力普及初等教育，并取得了一定的成功。

---

[1] 资料来源于乌干达教育服务委员会网站。

1997 年推出普及初等教育，1998 年实施了雄心勃勃的教育改革方案——《教育战略投资计划（1998—2003 年）》。1997 年推出普及初等教育后，入学人数十年间翻了数番。为了应对向小学后教育过渡的挑战，2007 年 2 月乌干达政府又启动了普及小学后教育方案，使乌干达成为非洲第一个提供这一级别免费教育的国家。因此，乌干达小学入学率迅速增长。根据《教育战略投资计划（2004—2015 年）》，自 1997 年以来，普及初等教育小学阶段免学费政策的实施产生了两个重要影响：提高了贫困家庭儿童的入学率，并大大缩小了在接受初等教育方面的贫富差距。

除了调整基础教育的结构外，乌干达政府还对课程体系框架不断进行改革。在过去的二十多年里，乌干达政府以实现教育的公平和效能为原则，大力普及初等教育，同时不断调整课程体系和课程设置。以初等教育为例，国家课程发展中心设计并发布了标准国家课程，供所有执行普及初等教育政策的小学使用，旨在培养学生的技能和正确的价值观。标准国家课程规定一到三年级用当地语言授课，从四年级开始，将传统的科目进行重组，如英语、数学、科学和宗教研究，课程内容的侧重也在逐年调整变化。除了初等教育外，政府同时也在探索振兴和加强职业技术教育与培训，以培养乌干达经济增长和社会发展需求驱动下学生需要获取的技能。

（二）教育分权改革

在教育行政管理方面，乌干达改变了教育行政中央高度集权的局面，逐渐加强了地方教育行政管理的作用，给地方以适当的权限，以调动地方办学的积极性。1993 年乌干达政府颁布的《权力下放法》为这一转变提供了法律依据，成为解决权力过分集中的一项重要措施，基本符合当时乌干达教育变革和社会发展的客观需要。《权力下放法》旨在将部分权力移交给地方，以促进资源的公平分配。1995 年宪法详细规定了分权政府的模式，而 1997 年《地方政府法》规定地方政府委员会负责确保政府政策的实施。根据学者赛图的说法，乌干达目前可能拥有非洲权力下放措施最完善的法律框架，并坚定地致力于权力下放。在非洲，乌干达转移给地方政府的财政资源也是非常多的。[1] 可以说，二十多年来，乌干达的权力下放及其广泛的法律框架走在了非洲大陆的前列。

乌干达教育行政权力转移的一个主要领域就是初等教育，在教育行政权力下放后，初等教育由地方政府负责。普及初等教育方案于 1997 年推出，成为地方政府任务的一部分。虽然最初的政策只惠及每个家庭的四个孩子，但后来扩大到所有学龄儿童。此项改革改善了初等教育的实施和对初等教育的监测。[2]

乌干达教育权力的分配改革在科学地配置教育行政资源、调动中央和地方双方的积极性、综合平衡全国的教育事业发展方面具有重要意义，尤其体现在该项改革措施实施的初级阶段。权力下放后，各地可根据因地制宜、因校制宜的原则，在教育经费筹措等方面拥有灵活的自主权。现在基础教育的管理主要由地方行政部门负责，而政府仍然负责政策制定，并通过控制教师教育、课程和考试来维持标准的实施。这提高了灵活性、透明度。它还可以让地方行政人员创造性地寻求解决当地特有问题的方法。

（三）高等教育自由化改革

教育治理权限改革是乌干达中央政府推行教育行政革新的另一个表现，旨在通过放宽权限改变整个国家的教育活动的管理权都高度集中于中央政府和中央教育行政管理部门的状况，给予地方政府和学校自身更多的管理

---

[1] SAITO F. Decentralisation and development partnerships: lessons from Uganda[M]. Tokyo: Springer-Verlag, 2003.

[2] ASIIMWE D, MUSISI B N. Decentralisation and transformation of governance in Uganda[M]. Kampala: Fountain Publishers, 2007.

权和自主权。20 世纪 90 年代以后，乌干达政府重新审视中央政府与地方政府和教育机构之间的关系。在乌干达市场化改革的背景下，政府不再是教育质量评估的唯一主体。这一点尤其体现在高等教育的改革上。在自由化和市场化背景下，政府开始简政放权，高等教育机构开始积极建立内部教育质量控制机制，并形成了相对完整的框架。由于政府下放了教育行政权力，以麦克雷雷大学为代表的高等教育机构积极寻求自我管理和自我评估的内部管理保障体系建设，并取得了显著的效果。政府、教育机构和市场多元复合型的质量保障模式成为高等教育改革的方向之一。麦克雷雷大学的案例充分证明了高等教育机构可以在不过分依赖政府的情况下为国民提供优质教育。2001 年，乌干达政府放宽政策限制，颁发了《大学和其他第三级教育机构法》，为私立高等教育机构的发展及教育部门的治理提供了政策支持和法律框架。该法律提出建立全国高等教育委员会并明确该委员会的职能、组织结构和权力等方面的内容。

国家高等教育委员会的任务是，规范和指导高等教育机构的建立和管理，规范高等教育的质量，就高等教育问题向政府提供咨询。为了解决高等教育对技术进步的战略关注，国家高等教育委员会还制定了各种战略，并与利益相关者建立伙伴关系和合作关系。经过二十多年的发展，国家高等教育委员会对课程开发进行了重新定位，提高了高等教育的普及度和质量，促进了社会转型，加强了对高等教育的监管，承担起了作为高度教育管理机构的职责，对乌干达实现 2040 年愿景和国家发展计划起到了重要作用。

除了成立国家高等教育委员会，《大学和其他第三级教育机构法》还为乌干达公立大学和其他第三级教育机构的治理结构进行了详细的规定。法案明确规定，公立大学的治理结构由校务委员会、学术评审委员会等组成，大学常务副校长负责对大学进行日常管理，由校评审委员会推荐给总统并由总统亲自任命。除大学以外的其他第三级教育机构的治理机构由监管委员会和学术委员会组成。乌干达教育与体育部从监管委员会提供的候选人名单中任命委员会主席。与此前相比，该法案赋予了公立大学和其他第三级教育机构相对的行政自主权。从领导功能、服务功能和监督功能三大教育行政的基本功能出发，为不同类型的高等教育机构赋权，使政府与高等教育机构之间的关系发生了改变，改变了之前政府直接参与高等教育机构治理的模式。

同时，私立大学的兴办改变了政府作为唯一办学主体的局面，实现了教学体制改革中办学主体的多元走向。过去，学校的开办被完全看成是政府的职能，比如1970年政府颁布的《大学法》明确规定了政府可对大学进行直接控制与管理。但随着政府重点支持的初等教育普及政策的执行，中小学学生规模扩大，导致了等度教育需求量的扩大，政府财政压力不断加大。面对日益增长的人口数量和财政压力，乌干达政府推行的这一改革措施减少了教育办学机构对中央财政的过度依赖，乌干达的高等教育开始转向私有化和商业化发展，中央政府在教育行政中的角色发生了改变。自上而下由政府包揽办学并进行管理的模式逐渐转变为广泛的多元参与模式。

今天，乌干达政府依然鼓励各种社会力量和国际组织参与支持该国教育发展。教科文组织和儿童基金会等许多政府组织和机构以及外国非政府组织也积极资助和支持乌干达的教育。比如2020年3月下旬，联合国儿童基金会乌干达办事处收到了一笔70 000美元的普通教育补助金，用于支持教育部规划应对新冠肺炎疫情。乌干达第一笔1亿美元的全球公共教育补助金主要用于提高公共教育系统中教师和学校的效率。赠款的三个用途是：加强教师能力和责任感，为加强教师能力建立有利的环境，为项目实施、数据管理、监测和评估、改善教师工资以及制定下一个教育部门计划提供咨询、技术和能力建设资金。教育与体育部领导该项目，该项目是国际组织对乌干达疫情期间的教育支持的体现，此项目赠款机构是世界银行，协调机构是联合国儿童基金会。

此外，乌干达政府拟推出一份新的政府教育和体育白皮书，来取代1992年《政府教育白皮书》，因此根据2021第5号法律公告，乌干达教育与体育部部长于2022年5月成立了教育政策审查委员会，为期一年。主要目标是对当前教育系统进行快速评估，对所有区域教育部门改革的公开听证会进行教育审查，邀请机构和关键群体提供意见，对1992年教育政策深入分析，为教育和体育服务提出建议并起草白皮书（宏观政策）框架。新的白皮书将重新规划国家的教育和体育系统，以满足21世纪的需求。

第二节　地方教育行政

从世界各国教育行政管理体制发展的总趋势来看，加强教育行政科学管理已经成为各国政府的普遍共识。一个国家教育的发展不能只靠中央或只靠地方，必须调动和发挥中央与地方两方面的积极性。因此，实行教育行政管理集权制的国家逐步放权给地方，扩大了学校的自主权；而实行教育行政管理分权制的国家，对有些涉及全国利益的教育事业，也转为由中央政府统一管理。比如法国和美国这两个典型的教育集权制和分权制国家的做法即是如此。换言之，不管是实行中央集权制还是实行地方分权制，各国的教育行政都呈现出趋于平衡补充、相互协调的均权化发展的趋势，促使中央与地方行政管理权限逐步实现合理化分配。

一、地方教育行政机构

地方教育行政机构是指各级地方政府对教育事业进行组织领导和管理的机构或部门。随着乌干达经济的发展和改革的不断深化，乌干达的公务员制度结构已从高度集中的传统公务员制度模式转变为权力下放的结构，中央政府已将大部分权力和资源下放给各区，这就便于政府更负责任、更及时为人民提供包括教育在内的基本服务。随着教育行政的不断改革，中央政府建立了各种自治和半自治的机构来负责教育政策的制定、管理、审议和咨询，还依据各地的实际情况适当扩大地方教师、家长和学生参与管理的权限。在普通教育方面也不像过去那样高度统一，地方与学校在教育行政管理上也具有一定的权力和灵活性。

但从教育管理权限在中央政府和地方政府的分配关系上来看，尽管中央政府宣称已经实行了分权，但地方政府的教育行政机构或部门权限非常有限，实际上成了中央政府教育行政机构的分支机构。在乌干达，不光地方政府的教育行政权力有限，乌干达 1993 年恢复的几个传统王国也缺乏真正的行政权力。

在 20 世纪 80 年代和 90 年代，权力下放成为各国发展议程的重要内容。乌干达根据《地方政府法》实行了权力下放政策，区级政府和县级政府在权力下放的情况下提供教育服务。政府通过教育部资助参与管理执行普及基础教育计划的中小学。事实上，中央政府支付员工工资，但监督和日常管理教育机构的权力掌握在地方政府手中。当地政府有地区教育官员负责处理该地区教育部门的所有事务，其中包括规划、分配学区范围内的学校检查员，确保执行所有教育计划，负责管理所有转移赠款等。

区政府和区教育办公室负责检查学校，而教育标准部门负责提供框架和学校视察指南，视察员可以随时视察学校的活动情况，并将检查结果提交给教育部副部长、地区教育行政官员和其他相关机构。学校检查员有权对学校账目进行审计，并在必要时暂时查封学校的相关记录和文件。

除了这些地方领导层的设置，自 1995/1996 财政年度以来，中央政府以政府转移赠款的形式向各区地方政府拨款。权力下放政策使教育资金每月直接从国库转移到各区，然后再转移到当地政府机构，由当地政府移交给学区议会审查。

根据规定，地方政府，特别是区议会，有权在乌干达提供初等教育服务，全面控制其负责的服务支出。他们的职责包括检查学校、资金、教师管理、学校行政和规划以及学校建设。特别是初等教育，地方政府不仅直接负责在普及初等教育框架内提供初等教育，还负责监督公立和私立学校。尽管私立学校没有得到政府的资助，但他们仍然会接受同样的考核，考核结果会影响到当地政府在某一地区的排名。虽然学校依赖行政区，但地方政府依赖中央政府的资金。普及初等教育方案为每个地区提供了一个资金支出公式。大部分教育支出专门用于教师工资。区议会被授权调动当地资源，补充中央政府的资金流，以支持其他活动。然而，在乌干达的某些区，比如在内比和阿鲁阿两个地区，地方政府的捐款不到总预算的5%，提供发展资金的责任仍然由中央政府和其他利益相关方承担。

因此，乌干达不少地区政府提供教育服务的水平仍然很低，对教育部门和地方的重视程度也不高，未能促进各级教育服务的有效发展。

二、地方教育行政的革新主张与实践

教育分权是乌干达20世纪90年代的主要改革之一，旨在改善民主治理和服务提供方式。然而，该项举措在乌干达各区的落实效果参差不齐，特别是在通过公立学校提供初等教育方面。

普及初等教育政策最初提出时，由于乌干达人民将首次获得免费教育，该政策令人十分兴奋。乌干达政府希望普及初等教育政策能够帮助减少贫困，开发该国大量的人力资源。该计划在扩大基础教育方面的成功是不可否认的。在推出后的第一年，小学入学人数和毛入学率猛增。

然而实事上，有的地方政府能够很好地履行其职责，有些则不能。公众对地方政府提供教育服务的质量越来越担忧。地方政府改革的失败与一系列因素有关，包括各级政府之间的多重领导冲突、低收入水平和有限的财政自主性、分权政策固有的弊端以及中央政府对国家预算资源的控制。[1]
此外，一些问题如缺乏人力和社会资本、阻碍公民参与的地方权力结构、
公众对纳税不感兴趣、国家无法让民间资源有效地参与等都影响改革成果
的取得。

（一）强化地方政府在教育行政中的责任意识

以位于乌干达西北的阿鲁阿和内比为例，这两个区在历史、地理等方
面都十分相似，因此具有可比性。

两个地区的区议会在改善服务提供方面的作用相当有限。在阿鲁阿，
地区官员试图通过组织社区会议来讨论初等教育有关的问题，他们通过让
家长实现对教育的承诺来提高教育质量；而内比是通过聘请前班主任担任
评估员和检查员来应对检查员少的挑战。两个地区都制定了教育规章制度，
但它们在确保公立学校小学教育的实施和质量方面的作用不大。

地方政府提供教育服务需要基层工作人员及民众的支持，需要加强责
任意识和服务意识，加强内部人员管理，同时在社区做好宣传。比如在普
及初等教育这一计划中，按照分权制的实施原则，地方政府负责教育规划
和管理、学校检查、教师管理和教室建设。只有增强服务意识，认真解决
当地学校中存在的教材教具缺乏、监管不力、师资缺乏、信息化不足、基
础设施配套建设不足等实际存在的问题，才能提高当地的教育质量。

（二）降低对中央政府的依赖程度

乌干达的地方政府改革曾是非洲大陆最雄心勃勃的改革之一，但随着

---

[1] ACODE. Local government councils score-card assessment report (Vol. 64) [R]. Kampala: Advocates coalition for development and environment, 2014.

时间的推移，权力下放改革引起了争议。有人对权力下放的作用提出了质疑，认为乌干达的权力下放是无效的，对改善服务几乎没有起到任何作用。乌干达国家电视台"NTV上的人民议会"节目邀请来自各行各业的乌干达公民参与节目对话，受邀参加此节目的人员对多年来权力下放政策的演变表示担忧，他们甚至不知道权力下放政策是否仍然存在。

这反映出地方政府的教育行政权力其实仅停留在了法律层面。许多地方政府几乎没有能力提供服务，其财政自主权和决策权非常有限。与地方政府根据法律框架拥有权力的说法相反，各地区在很大程度上仍然依赖中央政府，根据其授权提供初等教育，尤其是在乌干达因人口激增而新成立的那些区。乌干达的分权改革优先考虑了市场和私营部门的作用。因此，虽然初等教育服务被移交给地方政府，但这一过程依赖政府与私营部门的伙伴关系，这就削弱了地方政府作为主要提供者的作用。这一点在政府文件区分服务分权和服务提供中很明显：服务分权是指规划公共服务的整个过程，而服务提供则是指政策执行机制。在乌干达地方政府系统中，服务提供方式包括地方政府直接提供、公私伙伴关系、民间社会参与和私有化。[1]

乌干达政府认为分散教育服务提供有许多好处，包括简化不必要的行政程序，减少腐败，提高监测水平，改进财务问责制，增加地方收入以资助服务等。[2] 然而，由此带来的结果好坏参半。

灵活筹措资金是地方政府教育改革举措的首要关注点。如何多层次研究政策、多领域谋划合作，加强与其他机构的联动变得尤为重要。捐助者的作用和公私伙伴关系的性质在很大程度上影响着整体教育成果。在区一级，对中央政府的依赖程度对教育投资至关重要。在那些捐助者可以直接参与的学校，其教育服务的质量明显更好。

---

[1] GOVERNMENT OF UGANDA (GoU). Principles of service delivery in Uganda's local governments: handbook [M]. Kampala: Ministry of Local Government, 2013.

[2] NAMUKASA I. Decentralisation and education in Uganda[J]. Comparative and international education, 2007, 36(1): 98.

捐助者的捐款通过预算支持以及对学校的直接投资提高了地方政府的能力，降低了对中央政府的依赖程度。而且，在人力资源和基础设施方面发展势头更好。

（三）增加教育者对决策的参与

增加教育者对决策的参与是一些地方政府教育行政改革的举措之一。地方教育行政管理者与学校校长、教师、家长及其他利益相关者之间要共谋发展，在合作计划和教育目标上达成一致，以育人为本，以服务教育事业为己任。只有如此，才能保证决策的科学性与全面性，对教育决策的优化会起到不可估量的作用。

教育管理必须重视组织与个人之间的互动关系，要明确教育行政管理者不是唯一的决策者，要有群众基础。制定标准既要考虑当地客观实际和上级政府的要求，又要总结教师和其他教育工作者的经验，引导其他管理者、被管理者与利益相关方参与到标准制定的过程中来。比如有的区县地方政府会组织召开社区教育工作交流会议，到所辖社区进行公共宣传和调研，对社区教育工作进行详细安排部署，并听取相关工作反馈。比如有的地方政府在听取教师反馈后着手建设教师宿舍，解决教师长途通勤的困难，以提升教师的积极性，这在一定程度上减少了教师流失的问题，并促进了教学质量的提高。

教育管理部门同时需要发挥工会等专业协会和民间社会组织在教育过程中的作用，确保与非政府组织建立伙伴关系。

（四）提高行政人员的素质

行政人员的素质是影响地方教育行政绩效的因素之一。这也与捐助者的作用和定期资金流动有关。发展教育管理人员的能力，提高他们的素质，成为地方政府提高教育行政能力的当务之急。在政府进行行政管理人员招募的时候，除了专业技能，还需要考虑他们的道德修养和其他综合素质。在其日常履职过程中，对其落实工作的严谨性和责任心要予以考核，提高行政人员的法律素养。地方政府可考虑不定期举办反腐倡廉讲座，实行公开透明的监督机制，让群众反映身边的不正之风，充分发挥典型案例的教育作用，坚决遏制腐败蔓延势头。

（五）加强学校层面的工作管理和落实

除了加强自身的建设，地方政府还需要促进微观层面的政策落实，监督学校具体工作的执行。

对于学校基础设施和教学条件相对较好的地区，可以加强学校管理信息化建设。信息和通信技术在支持强有力、高效的教育管理和行政方面发挥着至关重要的作用，可以应用于教育机构行政管理中的学生管理及各种资源管理。比如学校管理层可以采用学校监控软件使校长、管理人员和董事能够随时跟踪学校的所有运营情况。管理软件系统的学校监控核心模块包括学费支付管理、预算跟踪、费用记录和报告、申购单生成、学生成绩录入、报告和分析、报告卡生成、学生生物数据跟踪、家长数据管理、资产和库存管理、学生自助门户等。根据部署，此系统已在乌干达的近百所学校应用，节省了空间和成本，节省了数据录入和服务学生入学和注册的人力资源。数据机构管理系统以图形、表格等形式排列数据，有助于便捷的信息检索，机构管理人员需要掌握学生和教师流动的基本信息。例如按性别、班级、国籍、学校表现等将学生或员工的数据分类转换成易于访问的格式，并且可以轻松地在电脑中进行存储和检索。

其他信息管理系统还包括学习管理系统等，例如开放性资源 Moodle 允许学生直接在线注册课程、在线支付并获取课程信息。在高等教育管理中利用信息和通信技术能更好地规划和制定标准、实施变革、监测大学的核心职能作用，提高行政效率和效力。

地方政府可建立工作群组，加强分管领导与校区职能部门纵向管理人员的团队建设，明确分管人员责任，落实包括办学标准执行、基础设施建设、补助资金支出的合理性等方面的工作，确保教育政策保障、资助工作落到实处。

综上所述，乌干达政府对教育行政分权的愿景与现实之间存在差异，教育分权政策和实践之间存在脱节，要改善此状况，须从以下四方面着手。第一，地方政府要在提供教育公共服务中充分发挥积极主动性，增强服务意识。第二，由于中央政府控制着绝大部分的地区融资，发展优先事项仍然由中央政府来指导预算编制，地方政府几乎没有权力和自由来决定他们的优先事项。中央政府应明确地方政府的执行责任，循序渐进地赋予地方政府相应的权力。地方政府可以鼓励私营机构的参与，增加教育工作者对决策的参与。第三，地区在提供教育等服务方面的表现与捐助者和私营部门的参与程度有很大关系。因此，地方政府应通过与捐助者和私营部门建立伙伴关系来减少对中央政府的依赖。第四，必须加强地方政府行政人员的素质。第五，需要改革学校的管理方式，将教育工作者纳入决策的制定中，同时在学校层面完善各种影响教育质量提升的系统和措施。

总之，教育行政涉及各级教育机构的管理和领导等问题。乌干达政府认为教育是一项基本人权，发展教育是减少贫困的途径之一，因而政府致力于为所有乌干达人提供公平的、优质的、负担得起的教育。为了实现这一宏伟目标，中央政府和地方政府需要共同努力，谋划教育事业的科学发展，在教育行政上积极作为，充分发挥教育行政部门的职能作用，改进不足，不断探索，加快疫后教育复苏，以早日实现 2040 年愿景中的教育目标。

第十二章 中乌教育交流

1962 年 10 月，在乌干达独立后不久，中国即与乌干达建立了外交关系。此后的 60 余载中，尽管乌干达国内政局不稳，政权更迭频繁，但两国一直保持了较为稳定的外交关系。两国在教育领域不断深化交流与合作。

第一节 教育交流历史与现状

近年来中乌关系快速发展，尤其是经贸与文化教育交流日益频繁。本节主要对两国的教育交流历史和现状进行介绍。

一、教育交流历史

中乌教育交流可以追溯到乌干达独立之前。1957 年，就有来自喀麦隆、肯尼亚、乌干达和马拉维等尚未独立的非洲国家的 11 名留学生到中国交流学习。20 世纪 70 年代，非洲国家来华留学生人数明显增加。以 1974 年为

201

例，有 3 名乌干达留学生获得中国奖学金，进入北京大学学习。[1]

1985 年，中乌两国签署了《中华人民共和国和乌干达共和国文化合作协定》（简称《合作协定》）。根据这一协定，双方同意根据平等互利的原则，发展两国在文化、教育、科学、卫生、体育、出版和新闻广播等方面的交流和合作。根据该协定，双方同意按下列方式进行教育交流和合作：（1）互派教师、学者和专家进行访问、考察、教学；（2）根据需要与可能，相互提供奖学金名额，并鼓励派遣自费留学生；（3）促进并支持两国高等院校之间建立直接的校际联系和合作；（4）鼓励两国教育机构交换教科书及其他教育方面的图书、资料；（5）鼓励和促进本国的学者或专家参加在对方国家召开的国际学术会议。1999 年，两国政府为促进两国文化方面的交流，增进两国的友好关系，根据 1985 年签订的《合作协定》，又签署了 2000 年至 2002 年执行计划，对文化交流项目等制定了具体实施办法，其中第七条、第八条和第九条规定双方鼓励两国的文化艺术机构建立直接联系，交换图书、出版物和音像资料，交流文化信息和资料；双方鼓励互派文化艺术专家进行教学和交流；双方鼓励互办文化周。[2] 这些规定再次强化了中乌双方文化合作的要点以及具体办法，为《合作协定》的具体实施提供了有力保障。2009 年，中乌双方在坎帕拉又签订了《中华人民共和国政府和乌干达共和国政府文化协定 2009 年至 2012 年执行计划》。该计划共十六项条款，其中第八、第九条均涉及乌方留学生事宜：第八条，中方每年向乌方提供 35 人 / 年的奖学金名额（即乌方每年享受奖学金在华学习的总人数不超过 35 名）；第九条，中方向乌方享受中方政府奖学金的留学生提供来华及回国

[1] 刘海方. 中国对非留学生奖学金政策沿革与绩效研究 [M]// 李安山. 中国非洲研究评论·博雅非洲论坛特辑（2015）. 北京：社会科学文献出版社，2017：141-192.

[2] 中华人民共和国外交部. 中国同乌干达的关系 [EB/OL].（2003-07）[2023-08-15]. http://www1.fmprc.gov.cn/web/gjhdq_676201/gj_676203/fz_677316/1206_678622/sbgx_678626/.

往返机票。[1]

中国政府认证履行了《合作协定》等相关文件，中乌文化交流和教育交流取得了丰硕成果。其中留学生项目就是一个典型例证。据有关统计，从 1959 年到 2007 年，共有 313 名乌干达学生获得中国政府奖学金，来到中国留学。[2] 在乌干达当前的 386 名议员中，有两位议员曾经在中国留学，分别是 1996 年在南京的国防科技大学留学的乌干达人民国防军代表安基纳·查尔斯准将和 1998 年在北京大学短期留学的菲利普·瓦富拉·奥果图。

到 20 世纪八九十年代，除了继续接收乌干达留学生和向乌干达派遣中国教师外，应乌干达的要求，中国开始帮助乌干达的大学和职业院校谋求发展，在实验室建设、学科建设、人才培养等方面加大了扶持力度，为乌干达的经济、文化、教育发展培养更多专业人才。但两国的教育合作直到 21 世纪才广泛开展。进入 21 世纪以后，在中非合作论坛框架下，中乌合作，包括中乌教育合作不断发展。2012 年 9 月，中国把"感知中国"活动带到乌干达。该项目不仅在坎帕拉举办了中国传统艺术表演，而且向乌干达国家图书馆捐赠了关于中国的图书和影片。2012 年，中国在位于坎帕拉郊区的鲁杨子理工学院建立一个中国语言文化中心，该学院也成为乌干达第一所教学大纲上有汉语课程的学校。截至 2021 年，中国为乌干达学生提供了各种类型、各种额度的奖学金和 5 000 多个短期培训名额，覆盖农业、医疗卫生、公共管理、计算机科学等领域。[3]

---

[1] 中国与乌干达签订文化协定执行计划 [EB/OL]．（2009-04-15）[2023-07-10]．http://newyork.fmprc.gov.cn/zwbd_673032/200904/t20090415_410089.shtml.

[2] MARGARET C L. Uganda and China: unleashing the power of the dragon[J]. Current African issues, 2007 (33): 26-40.

[3] Xinhua. Feature: Uganda-China ties touch lives in education sector[EB/OL]．（2022-09-15）[2023-07-10]．https://en.gmw.cn/2022-09/15/content_36026837.htm.

二、教育交流现状

2021 年 11 月，中国政府发布《新时代的中非合作》白皮书，对中非合作的成就进行了回顾，对未来的合作交流进行了展望。在未来加强和非洲各国合作的展望中，白皮书特别强调了扩大教育和人力资源开发合作、加强科技合作与知识共享。21 世纪中国与乌干达教育交流主要体现在长期和短期的人力资源培训、基础教育建设、高等教育合作和交流、中文教育、学校软硬件建设等方面。中国政府每年为乌干达青年学子提供近 100 个政府奖学金名额。除政府奖学金外，中国还设有"中国大使卓越奖学金和友谊奖学金"以及包括华为等著名中国企业为乌干达学子设立的各种类型的奖学金。此外每年还有约 500 名乌干达人在中国参加短期培训课程。中国各级政府还出资援建了多所高质量小学和其他类型学校，得到乌干达学生和家长的高度赞扬。比如 2004 年湖南长沙捐资修建恩德培–长沙示范小学，2009 年该小学顺利建成，乌干达总统穆塞维尼亲自参加了该学校的落成典礼。2019 年，长沙市人民政府又出资翻新、扩建了该学校，使得可接纳学生总数从 250 人增加到 850 人。目前恩德培–长沙示范小学已经成为该地区最优质的小学，乌干达家长们以能把孩子送到该小学为荣。2015—2022 年，乌干达通过中非合作论坛成功实施了多个项目，包括"万村通"项目、鲁班工坊等影响深远的项目。中乌之间的教育交流与合作主要集中在高等教育与科研项目、语言文化交流与乌干达本土教师培训以及职业教育合作交流等方面。

（一）高等教育与科研项目合作

2012 年起，中非双方实施"中非高校 20+20 合作计划"，搭建中非高校交流合作平台。中非高等教育与科研项目合作主要由中国政府出资，支持中国与非洲国家的高等院校开展校际合作与交流，帮助非洲国家高校建立急需的专业实验室，并派遣教师和专家前往执教和开展合作研究。从 1995 年起，根据中非高等教育与科研项目合作的实施和进展情况，中国开始逐步控制项目的规模，加大项目的支持力度。目前，每年的经费总预算为 1 000 万元人民币左右，其中 60%—70% 是人员费用，30%—40% 为教学设备费用。在对乌干达的合作项目中，包括中国教育部援建的乌干达大学计算机实验室、中国–乌干达农业多边南南合作项目等，对乌干达高等教育和科学研究的开展起到了重要作用。

中国与乌干达的高等教育和科研项目合作主要集中在农业、水产、通信技术、铁路交通等方面，有很多成功的合作案例，取得了多种合作成果。中国与乌干达南南合作项目是在中国–联合国粮农组织南南合作信托基金支持下设立的，中国农业农村部分别于 2012—2014 年、2015—2017 年、2022—2025 年在乌干达实施三期南南合作项目。前两期已经执行完成，共派出 47 名农业专家，累计利用信托基金约 350 万美元。第三期派出 9 名中国农业专家，项目正在执行中。这三期项目不仅全面提升了乌干达农牧渔业的技术水平，提高了贫困人口的生产生活质量，而且在科研机构建立、科研实验室建设、科技人员培训等方面也取得了可喜成果。比如，乌干达水产研究与发展中心的建设就是一个典型例子。这一中心不仅是中乌友谊农业技术示范中心，也是中国–联合国粮农组织–乌干达（三期）南南合作项目水产示范基地。此外，在该项目的执行过程中，中方注重乌方参与人员的能力建设，主要包括实地培训和访华考察团两种形式。实地培训包括园艺、畜牧、杂交水稻、狐尾小米、水产养殖、沼气技术等的授课和指导。在前两期项目中，共组织培训班近 200 次，参训近 8 000 人，培训乌干达农民和技术人员达 15 000 人。根据项目管理规定，乌干达政府可以在项目启动 6 个月后申请第一批访华考察。在前两期项目中，共开展了 4 次访华考察，考察内容主要涉及中国农业发展、项目实施管理、科技示范推广、农牧业生产模式、品种资源、价值链开发、企业投资等。[1]

"万村通"项目是 2015 年中非合作论坛约翰内斯堡峰会提出的中非人文领域合作举措之一，旨在为非洲 1 万个村庄接入卫星数字电视信号。乌干达"万村通"项目第一期和第二期分别于 2018 年 7 月和 2021 年 8 月启动，共选取 900 个村落，覆盖人口近百万。这一项目对于提升乌干达的教育技术具有重要意义：一方面，该项目为乌干达乡村居民打开了一扇从外界获取信息的窗口，通过卫星电视，村民们可以学习和掌握农业、科技、卫生等领域的知识和技能，学生们可以在新冠疫情下继续接受教育；另一方面，中国为项目村落培训了大量本地技术人员，为项目运营和用户正常收看卫星电视提供持续的技术支持和保障。[2]

为落实 2009 年中非合作论坛第四届部长级会议通过的《沙姆沙伊赫行动计划》，2010 年，中国教育部启动"中非高校 20+20 合作计划"，旨在通过中非高校一对一合作模式推动中非高校建立长期、稳定、深入的合作关系。在这一合作计划中，中国湘潭大学与乌干达麦克雷雷大学结为合作伙伴。湘潭大学与麦克雷雷大学合作项目围绕"亲、诚、惠、容"这一中国特色外交理念设计，在学校层面促进两校学科建设、科研能力和管理与运行能力，在国家层面吸引两国企业和相关政府部门或机构参与合作，"以点带面"促进中乌友好交流与合作，实现中乌互惠共赢。[3] 2012 年，湘潭大学依托"中非高校 20+20 合作计划"又创设了"中国-非洲法律培训基地"等中乌合作研究、培训机构。[4] 2014 年，湘潭大学与麦克雷雷大学合作创办的孔子学院在乌干达落户，同年 12 月该孔子学院正式揭牌。麦克雷雷大学

[1] 南南合作，促进地区减贫与发展——中国与乌干达南南合作案例 [N/OL]. 中国经济学人（2020-03-05）[2023-07-10]. https://cj.sina.com.cn/articles/view/2494236753/94ab085101900lg03?autocallup=no&isfromsina=no.

[2] 中国援助乌干达卫星电视"万村通"二期项目启动 [EB/OL].（2021-09-03）[2023-07-10]. https://baijiahao.baidu.com/s?id=1709873554098018046&wfr=spider&for=pc.

[3] 中非高校 20-20 合作计划 [EB/OL].[2023-07-10]. https://www.xtu.edu.cn/hzjl/gjhz/zfgx20_20hzjh.htm.

[4] 湘潭大学中国-非洲法律培训基地简介 [EB/OL].（2022-07-04）[2023-07-10]. https://law.xtu.edu.cn/info/1160/10236.htm.

孔子学院是乌干达首家孔子学院，并于 2018 年获评全球"先进孔子学院"。麦克雷雷大学孔子学院积极打造本土中文教师队伍。2018 年，孔子学院获中国教育部中外语言交流合作中心资助，开展"本土汉语教师孵化"项目，封闭培训 100 名本土汉语教师。2019 年，乌干达国家课程发展中心与中国教育部中外语言交流合作中心达成共识，将扩大培训规模至 500 人。[1]

在"20+20"框架之外，国内越来越多高校也结合自身的学科优势，主动对接中国教育和科技"走出去"战略，与乌干达的大学签订合作协议，开展多元合作。比如中国石油大学与麦克雷雷大学 2017 年签署谅解备忘录，中国石油大学在地质、石油领域对乌提供了多元教育培训援助。2021 年，两校举行线上会谈，提出两校与中海油公司（乌干达）通过三方合作模式，共建中非石油检测中心、共设校企实习基地、共推联合培养学生项目。[2]2018 年广东外语外贸大学与麦克雷雷大学签署战略合作协议。中国传媒大学与乌干达的五所公立大学之一的贝茨特玛大学正式续签了两校谅解备忘录，拟在信息工程及语言教学领域开展合作项目。

（二）语言文化交流与乌干达本土教师培训

中乌之间的语言和文化交流主要表现在对对方国家语言文化学习的重视上。20 世纪 60 年代初，中国传媒大学（1960 年）和北京外国语大学（1961 年）就开设了斯瓦希里语专业。21 世纪又有天津外国语大学（2007 年）、解放军外国语学院（2008 年）（现更名为中国人民解放军战略支援部队信息工程大学）、上海外国语大学（2018 年）、西安外国语大学（2020 年）等高校开设了该专业。

---

[1] 乌干达麦克雷雷大学孔子学院概况 [EB/OL]．（2022-03-09）[2023-07-10]．https://gjjlc.xtu.edu.cn/info/1031/1794.htm.

[2] 我校推进与乌干达麦克雷雷大学深化合作 [EB/OL]．（2021-12-03）[2023-07-10]．http://io.upc.edu.cn/_t1557/2021/1203/c4618a356809/page.psp.

　　为了促进双向交流，中国也逐步向非洲国家提供中文学习机会。根据《新时代的中非合作》白皮书，中国支持 30 余所非洲大学设立中文系或中文专业，配合 16 个非洲国家将中文纳入国民教育体系，在非洲合作设立了 61 所孔子学院和 48 所孔子课堂。2004 年以来，中国共向非洲 48 国派出中文教师和志愿者 5 500 余人次。而在中乌商贸、文化往来不断推进的大背景下，乌干达政府也加强了对中文教育的重视程度。2018 年、2019 年，在麦克雷雷大学孔子学院倡议下，通过驻乌中国大使馆向国家汉办（现为中外语言交流合作中心）引荐、推进，乌干达教育与体育部与中国国家汉办先后签署了为乌干达培训 100 名和 500 名中文本土教师的合作协议，启动"乌干达当地教师孵化项目"。该项目旨在为乌干达培训中文本土教师，使其能够胜任从事乌干达本土中学中文教学工作。2018 年，麦克雷雷孔子学院举行了第一期本土中文教师培训班，近 40 名本土中学教师接受培训，受训学员可在 10 个月的培训后取得汉语水平考试三级（HSK3）证书，优秀学员也可以争取获得四级证书。[1]

　　乌干达中文本土教师培训项目的课程设置主要以语法、汉字、听力、口语、文化课程作为独立的课程。例如，某乌干达中文教师培训项目的课程设置见表 12.1。[2]

表 12.1　某乌干达中文教师培训项目的课程设置

课程名称	课程概要	日课时	周课时
语法课	通过课堂讲授，使学生了解和掌握中文语法的基本原则、规律、方法，并能熟练使用	1.5 小时	7.5 小时
听力课	旨在培养学员在语言交流过程中的听音理解能力	1.5 小时	7.5 小时

---

[1] 邹雨君，王进杰. 中非教育和培训合作：中国企业的供给与需求双向参与[J]. 中国非洲学刊，2021（4）：99-114.

[2] 张苗. 乌干达汉语本土教师培养现状调查与研究[D]. 甘肃：兰州大学，2020：18.

课程名称	课程概要	日课时	周课时
汉字书写与阅读写作课	旨在提高学生的汉字书写能力，并将积累的字、词、句在阅读写作中得到强化	1.5 小时	7.5 小时
口语课	通过教授课本内容对话及日常生活用语来训练学员中文表达、交际能力	1.5 小时	7.5 小时
文化课	目的在于让学员了解与中文有关的必要的文化知识	1 小时	4 小时

麦克雷雷大学孔子学院已与乌干达国家课程发展中心建立伙伴关系，在乌干达中学推广中文教学。"乌干达当地教师孵化项目"完成后，这些教师将在 100 所学校开设中文课程。相比东南亚等开展中文教学较早的国家和地区，非洲中文教学一直处于落后地位。在非洲各国中，乌干达的中文教学开展较早。2018 年，乌干达就正式将中文教学纳入国民教育体系。[1] 乌干达教育与体育部出台政策规定，从 2019 年 2 月开始，乌干达政府在全国 5 个区域遴选 35 所中学开展中文教学。中文课程成为这 35 所中学初一、初二学生的必修课，初三学生的选修课。[2]

（三）中乌职业教育合作交流

职业教育在中非人力资源合作中的地位越来越突出，这与中非双方的教育国际合作规划密切相关。发展职业教育不仅是中国推进职业教育国际化，对接产能合作和促进人文交流的重要举措，也是当前非洲国家教育政策的重点。2007 年，非盟出台了《振兴非洲技术和职业教育与培训的战略》，这是因为许多国家决策者和国际捐赠方都重新认识到职业教育和培训在国家发展中的关键作用。除了发展职业教育和培训，改革现有课程体系，提高

---

[1] 徐丽华，郑崧. 非洲汉语推广的现状、问题及应对策略[J]. 西亚非洲，2011（3）：44-46.

[2] 资料来源于乌干达教育与体育部网站。

教师能力以提升教学质量，向科学、技术、工程、数学等学科倾斜，重视信息与通信技术教育等，成为非洲教育发展趋势。[1] 为加强与非洲国家的职业教育合作，中国教育部于 2003 年在天津职业技术师范学院（即今天的天津职业技术师范大学）建立了中国第一个教育援非基地，主要承担对非洲国家的职业教育师资培训、派遣援非职业技术教师、为中非职业教育合作提供咨询等任务。中乌职业教育合作不但取得了令人瞩目的成就，而且创新了诸多合作模式。其中乌干达鲁班工坊和"创造太阳"乌干达石油学院是两个具有代表性的模式。前者是由政府倡导的中乌产教融合合作模式的成功范例，后者是企业拓展海外培训业务，创立非洲职业教育机构的代表。

2018 年 9 月，中国国家主席习近平在中非合作论坛北京峰会上提出，在非洲设立 10 个鲁班工坊，向非洲青年提供职业技能培训。这项能力建设计划在增进中非友好、帮助非洲培养人才、推动非洲社会经济发展的同时，也必将对中国企业"走出去"提供重要人才支持。2021 年 11 月 29 日，习近平主席在中非合作论坛第八届部长级会议开幕式上提出中非共同实施的"九项工程"，其中就包括实施"未来非洲—中非职业教育合作计划"，开展"非洲留学生就业直通车"活动，并强调要继续同非洲国家合作设立鲁班工坊，鼓励在非中国企业为当地提供不少于 80 万个就业岗位。[2]

鲁班工坊的建设秉承着"平等合作、因地制宜、互学互赢、开放包容"的精神，坚持"共研、共建、共享、共同、共赢"的原则，在统一的标准框架下，将充分考虑合作方的要求和不同国家政治、经济、文化特点。乌干达鲁班工坊得到乌干达总统穆塞韦尼、中国驻乌干达大使和乌干达各界人士的赞誉和大力支持。2020 年 12 月 10 日，乌干达鲁班工坊正式启动运

---

[1] 邹雨君，王进杰. 中非教育和培训合作：中国企业的供给与需求双向参与[J]. 中国非洲学刊，2021（4）：99-147.

[2] 习近平. 同舟共济，继往开来，携手构建新时代中非命运共同体——在中非合作论坛第八届部长级会议开幕式上的主旨演讲 [EB/OL].（2021-11-29）[2023-02-20]. http://www.cppcc.gov.cn/zxww/2021/11/30/ARTI1638232744947107.shtml.

营。2020 年 11 月 25 日，穆塞韦尼总统到乌干达鲁班工坊实训基地中乌姆巴莱工业园为其运营揭牌，并祝愿乌干达鲁班工坊运行顺利。

除了由中乌两国政府主导的职教品牌外，中国多家企业也参与到对乌干达技术人员的培训、资助当中，并发挥了重要作用。其中华为公司的"种子计划"就是其中的代表。"种子计划"是华为在海外履行企业社会责任的旗舰项目，旨在为当地培养信息与通信技术领域有潜质的未来种子，推动当地信息技术发展。华为从 2008 年起发起"未来种子"旗舰项目，截至 2018 年底已在 108 个国家和地区撒下希望的种子，全球 400 多所高校的 30 000 余名学生从中受益。[1]

此外，中国还出现了专注于为乌干达青年提供专门技术培训的教育机构。其中"创造太阳"乌干达石油学院就是其中的代表。"创造太阳"乌干达石油学院是一家立足非洲本土的青年技术培训机构。学院总部设于乌干达，并在肯尼亚、坦桑尼亚、埃塞俄比亚、尼日利亚等国设有办公室。"创造太阳"乌干达石油学院占地 21 亩，分为教学区、生活区、办公区，可同时容纳 600 人上课和 200 人住宿。目前，学院开设了技能操作、石油工程、管理、QHSE（质量、健康、安全、环保）管理体系四大领域的课程。从 2017 年开始，该学院在乌干达进行以石油技能培训为主的职业技术培训，累计为乌干达培养了 2 000 多名专业人才，[2] 并得到了世界银行和当地政府的认可，成为世界银行资助的乌干达技能培训项目和艾伯丁地区可持续发展项目的合作培训机构之一，承担了大量的青年技能培训任务。此外，该学院积极探索多边合作，与在恩德培的一家比利时发展机构合作开展乌干达难民培训项目，还与世界银行合作为乌干达、肯尼亚、埃塞俄比亚等东非国家提供科技人力资源培训。在培训业务之外，该学院逐渐发展出服务于

[1] 华为"未来种子"项目帮助拉美培养信息通信技术人才 [EB/OL].（2019-09-13）[2023-07-10]. https://baijiahao.baidu.com/s?id=1644556863522101704&wfr=spider&for=pc.

[2] "创造太阳"创造未来（1）[EB/OL].（2021-05-11）[2023-07-10]. https://baijiahao.baidu.com/s?id=1699476828723943056&wfr=spider&for=pc.

中国职业院校国际化的咨询业务，帮助中国高职院校对接东非高校，进行相关专业的匹配、开发和招生运营。[1] 目前，"创造太阳"已经与乌干达当地多家企业签署备忘录，就人才培训达成合作意向。此外，还与乌干达教育与体育部、中国石油大学（华东）初步达成协议，共建东非石油技能培训中心。

除了以上两种模式之外，中国政府还积极谋求与国际组织合作，援助非洲教育。2019年，中国政府和联合国教科文组织共同签署《中国–联合国教科文组织信托基金协议》。双方决定自2019年起实施新一期中国–联合国教科文组织信托基金项目。该项目的主题是通过教育技术加强教师培训，缩小非洲国家教育质量差距，支持非洲发展高等职业技术教育，资助期限为4年。乌干达是第二批被遴选接受援助的五个非洲国家之一。[2]

第二节 案例与思考

中国职业教育走进非洲是响应"一带一路"倡议、服务国际产能合作、提升国际影响力的需求，也是落实习近平主席在2018年中非合作论坛北京峰会提出的"能力建设行动"的实践诉求。中国高等职业教育改革开放40多年，经历了摸索、规范、转型、提质等阶段的磨砺与嬗变，基本建成了与中国综合国力和国际地位相匹配的中国特色的现代职业教育体系。然而，如何在教育水平不高、劳动力素质低下、产业结构单一的非洲贫困国家，有效输出中国智慧、中国经验和中国方案，落实"一带一路"倡议，实现中非职业教育"对接和融入"，是对中国职业教育"走出去"提出的巨大挑

---

[1] 邹雨君，王进杰. 中非教育和培训合作：中国企业的供给与需求双向参与[J]. 中国非洲学刊，2021（4）：99-147.

[2] 第一批接受援助的三个国家分别是埃塞俄比亚、纳米比亚和科特迪瓦；第二批接受援助的五个国家分别是刚果（金）、刚果（布）、利比里亚、坦桑尼亚和乌干达。

战 [1]。乌干达是中国职业教育输出项目的重要国家，也是这一项目开展卓有成效，颇具代表性的国家。

一、项目实施与成效

习近平主席在 2018 年中非合作论坛北京峰会上提出中非合作"八大行动"，其中"能力建设行动"明确指出在非洲设立 10 个鲁班工坊，向非洲提供职业技能培训。2020 年中国教育部等九部门印发《职业教育提质培优行动计划（2020—2023 年）》，重申实施职业教育服务国际产能合作行动，要求通过加强职业学院与境外中资企业合作、支持职业学校到国（境）外办学、培育一批鲁班工坊，以期实现培养熟悉中华传统文化、中资企业急需的本土技术技能人才。同时，中国职业院校应主动对接联合国教科文组织，在"一带一路"沿线国家"贡献职业教育的中国智慧、中国经验和中国方案"。

20 世纪 90 年代之后，乌干达政府对职业教育给予了更多关注，在教育政策方面也做出了相应调整，以适应国家发展工业和现代技术的需求。目前，乌干达已通过主题为"工业化包容性增长、就业和可持续的财富创造"的第三个国家发展计划（2021—2025 年），提出要加快工业的发展，使工业对 GDP 的贡献率从目前的 18.6% 提高到至少 25%，对工程技术人才在质量和数量上的需求增长迅速。[2]

然而，尽管乌干达在扩大国民受教机会和提高职业教育质量方面取得了一定进展，但职业教育仍然薄弱，主要表现在政策支持不足、院校结构

---

[1] 谭起兵，陈红，梁娈，章建新. 国别研究视域下中国高职走进乌干达的困厄及路径研究 [J]. 中国职业技术教育，2021（3）：28-34.

[2] 乌干达通过第三个国家发展计划（2021—2025）[EB/OL].（2020-01-31）[2023-07-10]. http://www.mofcom.gov.cn/article/i/jyjl/k/202002/20200202934195.shtml.

零散、项目资源不足、课程相关性有限、师资水平不合格、缺乏信息管理系统、缺乏与行业的联系等方面。职业教育中存在的这些问题导致技术技能人才匮乏、制约当地经济产业发展等更为严重的社会问题。而仅靠乌干达本国的能力在短时期内难以解决上述问题，因此乌干达在职业教育方面亟须国际社会的援助。中国职业教育走进乌干达正是这种需求的结果。

乌干达鲁班工坊由天津工业职业学院、埃尔贡乌干达技术学院、乌干达天唐集团共同建设，实现了"政—校—企"三方携手。乌干达鲁班工坊是中国高职在非洲国家援建的第8个鲁班工坊，也是全国首批鲁班工坊运营项目。乌干达鲁班工坊总建设面积1 825平方米，包括坐落于埃尔贡乌干达技术学院内的实训室和坐落于中乌姆巴莱工业园内的乌干达鲁班工坊实训基地两部分，开设黑色冶金技术、机电一体化技术2个专业，建有4间专业实训室（电气自动化技术实训中心、数控加工实训中心、工业仿真实训室、工程实践创新实训室）和4个专业实训区（数控加工实训区、钳工实训区、电气自动化技术实训区、工业仿真实训区），目前4个实训区机械电子设备均已安置到位。[1]乌干达鲁班工坊于2020年12月10日正式启动运营。

乌干达鲁班工坊的建设主要以工程实践创新项目为载体。该教学模式以实际工程项目为导引，以实践应用为导向，以创新能力培养为目标，以项目实践为统领的应用型技能型人才培养新途径（见图12.1）。乌干达鲁班工坊通过设立专业实训室、云教学等方式，为乌干达当地青年提供职业技能培训。乌干达青年在鲁班工坊不仅可以系统学习理论知识，还能参加生产实践，这种以实际工程项目为引导，以实践应用为导向，培养学员科学探究和问题解决能力的培训方式，能够让乌干达青年在获得学历的同时，

---

[1] 孔维军，宋佳. 乌干达鲁班工坊：探索中非产教融合新模式[J]. 中国投资，2021（5/6）：107-109.

有效提升职业技能，获得就业机会。受全球新冠肺炎疫情影响，天津工业职业学院将乌干达师资培训方式改为网络培训，围绕中国职业教育、乌干达鲁班工坊建设、EPIP教学模式认知和专业教学能力等模块制作了30套PPT课件和50个教学视频，线上培训乌干达教师。[1]

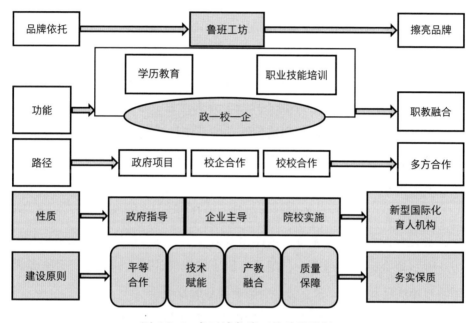

图12.1 乌干达鲁班工坊建设路径

中国高职院校助力乌干达职业教育提升具有重大的现实意义：一是有助于落实联合国教科文组织的重大项目，在乌干达实现"全纳教育"；二是有助于支持乌干达职业教育发展，提高技术技能人才培养质量；三是有助于支持中资企业在乌干达的国际产能合作，为中资企业培养本土的高技能人才，提升中国在世界职业教育方面的影响力和大国形象。

[1] 孔维军，宋佳. 乌干达鲁班工坊：探索中非产教融合新模式[J]. 中国投资，2021（5/6）：107-109.

二、思考与展望

乌干达鲁班工坊符合乌干达对职业技术人才培养的需求，符合中乌两国交流的意愿，因此助力该项目可持续性发展，并以此为样本，推进中国和乌干达的职业教育进一步合作，是需要深入思考的问题。目前，乌干达鲁班工坊建设在不断壮大发展的同时，也面临一些挑战。

（1）乌干达鲁班工坊的影响力还有待提升。相比于创办较早的鲁班工坊，乌干达鲁班工坊 2020 年才创办，而且由于新冠疫情等原因，采用的是"云"揭牌的方式，授课也不得不以线上方式为主。时间短、线上开展等原因使得乌干达鲁班工坊教育和培训活动的系统性受到影响，对乌干达的影响力还没有充分彰显，使得鲁班工坊在乌干达的社会知名度还不高，还具有巨大的提升空间。

（2）乌干达鲁班工坊的资金来源单一，共建主体间的融合深度不够。鲁班工坊建设的资金主要来源于天津市政府、中乌双方的两所职业院校和乌方企业，资金来源渠道单一，随着鲁班工坊规模的扩大，这种资金来源渠道将很难满足其发展需求，势必会影响其后续发展。

（3）受语言文化的差异、学生知识水平和理解力的影响，乌干达鲁班工坊实际的教学中还存在一定的困难，其教学效果还未显现。鲁班工坊教学融职业技术和专业知识为一体，教学开展有一定挑战性，加之语言交流等问题，对教师和学生都具有极大挑战性。问卷调查显示，82.61% 的学生认为课程内容太多，无法全部把握；81.16% 的学生认为课程内容太难，难以完全掌握；72.46% 的学生认为资源不足，学习效果不理想；60.87% 的学生认为与本国学生比，在中国很难顺利毕业。[1]

（4）乌干达鲁班工坊在专业标准确立、认证体系完善、质量评价体系建

---

[1] 王岚. 鲁班工坊学生就业质量研究：现实审视与提升路径[J]. 天津市教科院学报，2020（6）：33-38.

立等方面考量不足。由于起步较晚，乌干达鲁班工坊的评价标准还没有完全确立。事实上这也是鲁班工坊面临的一个共性问题。目前鲁班工坊还没有制定遴选学校、专业、课程、企业的标准，也没有制定鲁班工坊建设和发展标准，更没有鲁班工坊人才培养培训的标准。[1]

作为国际化职教品牌，乌干达鲁班工坊的建设既关乎促进乌干达职业教育发展和工业振兴，也关乎中国职教"走出去"战略，因此加强鲁班工坊建设的思路应从两国的发展需求、职教特点等多个方面加以考虑。

（1）优化乌干达鲁班工坊的国内外结构布局。乌干达鲁班工坊境外学校和企业的参与度还不高，这直接影响了该职教品牌的落地实效和在乌干达的影响力。同时也应加强国内外乌干达鲁班工坊参建单位、部门之间的沟通与协调，克服由于新冠疫情等原因带来的不利条件。同时乌干达鲁班工坊的项目执行单位应对乌干达当地企业，尤其是中方投资企业的用工需求展开充分调研，明确用工领域、企业员工的文化水平、技术水平、岗位设置等，以期做到鲁班工坊的培训领域布局、课程设置、实训设备配备更有针对性。

（2）扩大乌干达鲁班工坊经费来源。工坊不同于普通学校，其教育模式需要建立实体的专业实训场所，配备专门设备、技术人员、操作间等，这些都需要经费的支持。乌干达鲁班工坊的可持续发展需要多渠道资金来源，包括天津市政府、中乌合作学校、合作企业，也需要更多的合作学校和合作企业的参与。

（3）加强乌干达鲁班工坊标准和制度建设。鲁班工坊是我国创建的国际化职教品牌，因此建设机制和评价标准不能完全复制国际标准，还应该有我国自主设置的标准，构建具有中国特色、包含中国元素、达到世界水准的鲁班工坊标准化模式，并制定统一的教学目标、课程体系和实训标准。

---

[1] 曹晔. 天津海外"鲁班工坊"建设调研报告[J]. 职教论坛，2019（6）：151.

（4）建设中国-乌干达高等职业学院，提升乌干达鲁班工坊规格。在建设乌干达鲁班工坊的基础上，与乌干达高等院校合作，建设中国-乌干达高等职业学院，融入乌干达当地的国民教育体系和职业资格框架，开设乌干达产业发展急需的专业和课程，引入中国高职教育的先进理念、方法和模式，成为当地高职院校国际化办学的标杆，同时推动当地职业院校办学水平的提升。

（5）在做好职教培训的同时，也应设置相应的中国语言、中国文化、中国历史、中国地理等课程，消减乌干达学生的文化陌生感，让参与鲁班工坊学习的乌干达学生不仅能学到职业技术，还能学到博大精深的中国文化、语言文字等，为促进两国的文化交流做出独特的贡献。

中国高职走进乌干达的主要思路是实现"授人以渔"，促进乌干达职业教育软实力提升，因此中国职教在"走出去"战略上还应注重在提升乌干达职业教育理念、促进中乌职教在课程建设、师资培养等方面的交流合作并使之落到实处，做出特色。

结　语

　　乌干达教育的发展进程可大致分为六个阶段。第一个阶段是殖民阶段（1925—1962 年）。此时乌干达的教育主要把持在殖民政府手中，教育的本质是为培养殖民地发展所需要的人力资源。第二个阶段是独立初期探索阶段（1963—1971 年）。自 1962 年独立以来，乌干达竭尽全力健全其教育系统，并且很快成为撒哈拉以南地区教育水平较高的地区之一。乌干达政府一直强调教育是乌干达经济发展的基础，是增进社会福祉的关键。独立后的最初 10 年，乌干达政府致力于建立全国统一的教育体系，旨在通过教育促进民族融合和发展。第三阶段是动乱和螺旋式发展阶段（1972—1979 年）。阿明执政时期政治动荡，内乱不断，经济凋敝，教育受到严重影响。大批知识分子和教师流亡海外。在极端困难的情况下，重视教育的乌干达人苦苦支撑教育，入学率和教育支出仍有所增长。但动荡的政治时局和衰败的经济，严重影响了乌干达教育的发展。和很多 20 世纪 60 年代独立的撒哈拉以南的非洲国家相比，乌干达的教育发展滞后。第四阶段是恢复、重建和改革阶段（1980—1992 年）。随着 20 世纪 70 年代阿明独裁政府被推翻，乌干达开始跟上非洲其他国家步伐。1986 年内战结束，穆塞维尼政府执政，在"国家抵抗运动"的领导下，乌干达开始步入现代化发展阶段，并优先恢复教育事业。第五个阶段是教育普及与发展阶段（1993—2000 年）。1997 年，乌干达政府发布普及初等教育计划。该计划与 1992 年政府发布的《政府教育白皮书》配套实施。乌干达是 20 世纪 90 年代最早实施普及初等教育的非洲国家之一。这是乌干达政府的一项重要减贫计划。其主要目的是提供教育设施和教育资源，确保每一名适龄孩子都能入学，并完成义务教育阶段的学习。第六个阶段是新世纪教育新规划阶段（2001 年至今）。21世纪的头二十年，乌干达教育有长足发展。小学入学率在 21 世纪提升明显，且一直保持较为稳定的水平。2001 年，乌干达政府通过了《大学和其他第三级教育机构法》，旨在发展技术驱动的、富有活力的、可持续的优质高等教育。总体来说，乌干达的教育一直呈现螺旋上升趋势，但不同发展阶段均面临十分严峻的问题，尤其是在教育质量提升和教育公平、教育经费等方面问题仍然十分突出。

经过多年的发展，乌干达教育体系逐渐完善、教育质量得到一定提升，教育评价机制逐渐系统化。乌干达政府在推广普及初等教育方面取得了令人瞩目的效果。

然而乌干达教育也存在明显的不足，主要面临以下四大挑战。其一，乌干达的生育率高。据统计，2016 年每位乌干达妇女平均生育 5.4 个孩子。这就造成了适龄儿童数量庞大，从而给政府和养育孩子的家庭带来巨大的财政压力。其二，教育质量不高。普及初等教育在取得巨大成就的同时，也带来负面效应，那就是教育质量下降。由于儿童入学率的大幅提升，公立小学硬件和软件上的不足越发明显，尤其是师资、教室、教学设施等。而且课程内容滞后，与前沿的科学、技术、经济等关联性不高。其三，国家财政预算紧张。作为发展中国家，乌干达的财政捉襟见肘。教育预算不足问题一直制约着乌干达教育的发展。教师因为工资低等问题屡屡罢工。其四，赤贫和童工问题。如何破解以上挑战并找到一条属于自己的教育发展之路是乌干达需要思考的重要问题。

新冠肺炎疫情暴发后，乌干达政府制定了《乌干达新冠肺炎疫情紧急教育响应项目》。该项目的目的是确保学生在学校关闭的情况下，继续进行学习以及疫情结束后重新开学等事项。2022 年，乌干达教育与体育部发

布该项目的执行报告，对这一项目的实施情况进行了总结。该项目总投入
1 470 万美元，资金来源为"全球教育伙伴关系"的捐赠。这一项目的实施
取得了一定效果，包括为学生自主学习提供教材，印制、分发学生自主学
习的材料，支持远程自我学习等。

新冠肺炎疫情在一定程度上加速了信息和通信技术与教学的融合。在
此次疫情期间，乌干达教育部门通过多种信息平台积极开展远程教学，采
用了包括无线电广播、电视、互联网等在内的多种信息技术和平台讲授课
程。学习资料也上传到教育部网站，学生们可以自由下载。共有 22 家广播
电台录制了线上课程，提供给小学三至六年级学生以及初中一至五年级学
生。录制课程的教师均由国家课程发展中心遴选。学前和小学低年级学生
的线上课程在各个广播电台播出，由其他发展合作伙伴提供支持，不同合
作伙伴负责不同区域。这些合作伙伴包括联合国儿童基金会、国际救助儿
童会、孟加拉国农村促进委员会、国际红十字会等。

乌干达智库"发展观察中心"创始人塞满达将中国和乌干达两国 60 年
的关系描述为 60 年的心连心合作，因为中乌关系是以双赢原则为核心的平
等合作。[1] 中乌两国在教育领域的合作更是如此。在对非的教育援助中，中
国一直倡导"发展引导型援助"[2]，其目的是增强非洲国家教育发展的内生
力和自我造血机能，是在尊重非洲人民意愿的基础上的推动、协助和引导。
中国对非教育援助不带任何附加政治条件，这一点和西方发达国家的援助
有着本质区别。

2006 年 1 月，中国政府发布《中国对非洲政策文件》，专章阐释了中国
对非教育合作问题，指出要充分发挥中国政府设立的"非洲人力资源开发
基金"在培训非洲人才方面的作用；根据非洲国家的实际需要，确定重点，
拓展领域，加大投入，提高实效；继续与非洲互派留学生；中国将适当增

---

[1] 塞满达. 中国与乌干达 60 年的心连心合作 [N]. 环球时报，2022-09-28.

[2] 张海冰. 发展引导型援助：中国对非洲援助模式探讨 [J]. 世界经济研究，2012（12）：78-83，86.

加政府奖学金名额；继续派遣援非教师；帮助非洲国家开展中文教学；实施教育援助项目，促进非洲有关薄弱学科的发展；加强在职业技术教育和远程教育等方面的合作；鼓励双方教育、学术机构开展交流与合作等。2015年12月，中国发布第二份《中国对非洲政策文件》，指出要扩大教育和人力资源开发合作，帮助非洲国家培养培训更多急需人才，特别是师资和医护人才；继续实施"非洲人才计划"，逐步增加对非洲国家的政府奖学金名额，鼓励地方政府、高校、企业和社会团体设立奖学金，欢迎更多非洲青年来华学习，鼓励和支持他们在中非务实合作中发挥更大作用；鼓励双方更多高等院校建立合作伙伴关系，支持中非教师和学生交流，扩大"中非高校 20+20 合作计划"项目的合作成果；坚持学用结合，扩大师资培训和职业技术教育合作规模，拓展人力资源开发途径。

进入新时代，中国不断加大对非援助。通过援建职业技术学校或职业培训中心、设立鲁班工坊、提供职业教育培训援助等方式，中国帮助许多非洲国家逐步提升职业教育质量，激活职业教育市场。乌干达鲁班工坊成功探索出了中非产教融合新模式。华为公司在乌干达大学实施"种子计划"，遴选优秀学生来华学习、交流。中乌合作设立"乌干达当地教师孵化项目"，培训乌干达本土中文教师。麦克雷雷大学推出"汉语和亚洲研究"本科专业，未来还将推出汉语硕士课程。在新冠肺炎疫情期间，中国教育产品 ClassIn 等在乌干达在线教育中发挥了重要作用。

基于中乌教育合作良好的基础和成就，未来中乌教育合作中需发挥业已形成的教育合作品牌的作用，践行《中国对非洲政策文件》的教育合作指南，进一步强调合作质量，获得合作国家和国际社会的更高评价。

（1）加强职业教育合作，强化鲁班工坊等职教合作品牌。近年来，乌干达大力发展职业教育，以满足社会发展需求和对外合作项目的人力资源需求。中国应围绕"一带一路"建设与乌干达产业对接的要求，充分发挥鲁班工坊等的作用，并进一步按照不同产业类型创新更多职教品牌，探索中乌国际产教融合深入合作模式。

（2）加强乌干达教师培养项目的高质量开展，提高乌干达本土教师的教学水平。目前我国对乌干达教师培训只涉及少数学科，规模也有限。未来我国应按照《中国对非洲政策文件》精神，扩大师资培训合作规模，多学科、多学段、多模式开展师资培训，采用线上线下结合方式，鼓励更多中国高校，尤其是师范院校参与到与乌干达的师资培训合作中。

（3）在教育合作实践基础上，鼓励中乌两国开展教育合作理论框架、教育模式、课程开发等领域的创新经验总结，进而开展教育合作研究。

（4）大力开展数字化教学合作，推动中乌在数字化教育基础设施和平台软件建设方面加大合作力度。新冠肺炎疫情发生后，乌干达成为学校关闭时间最长的国家之一，线上教学由于软硬件条件的限制，开展效果也不甚理想，并由此引起了国际社会的广泛关注。未来中乌数字化教学合作重点应包括搭建面向各级各类教育的公共服务平台和相关软件工具的开发利用；提升乌干达师生信息化素养和数字技能水平等。

在长达 60 余载的教育合作中，中国在对乌干达教育援助的理念和实践方面开创了一条有中国特色的道路，包括两国的教育合作以平等为前提，帮助乌干达进行能力建设；因地制宜设计项目，关注项目的实效；追求双方共赢，不附加任何政治条件。这些经验为国际社会对非洲的教育援助以及开展教育合作提供了宝贵的经验。不过，乌干达需要解决本国教育长期依赖国际援助的问题，积极谋求自身特色发展，为乌干达的教育探索一条具有本国特色、可持续发展的教育振兴之路。

参考文献

一、中文文献

奥蒂索. 乌干达的风俗与文化 [M]. 施雪飞，译. 北京：民主与建设出版社，2018.

崔璨. 马达加斯加文化教育研究 [M]. 北京：外语教学与研究出版社，2022.

冯增俊，陈时见，项贤明. 当代比较教育学 [M]. 2 版. 北京：人民教育出版社，2015.

付吉军. 利比里亚文化教育研究 [M]. 北京：外语教学与研究出版社，2023.

顾明远. 顾明远教育演讲录 [M]. 北京：人民教育出版社，2014.

顾晓燕，游滔. 加蓬文化教育研究 [M]. 北京：外语教学与研究出版社，2022.

贺国庆，朱文富，等. 外国职业教育通史 [M]. 北京：人民教育出版社，2014.

李洪峰，崔璨. 塞内加尔文化教育研究 [M]. 北京：外语教学与研究出版社，2021.

李佳宇，万秀兰. 肯尼亚文化教育研究 [M]. 北京：外语教学与研究出版社，2022.

李书红，黄晓亮. 突尼斯文化教育研究 [M]. 北京：外语教学与研究出版社，2023.

刘捷．教育的追问与求索 [M]．北京：人民出版社，2021.

刘捷．专业化：挑战 21 世纪的教师 [M]．北京：教育科学出版社，2002.

刘进，张志强，孔繁盛．"一带一路"高等教育研究（2019）：国际化展望 [M]．北京：北京理工大学出版社，2020.

卢晓中．比较教育学 [M]．北京：人民教育出版社，2020.

秦惠民，王名扬．高等教育与家庭流动 [M]．北京：科学出版社，2019.

秦惠民．教育法治与大学治理 [M]．北京：人民出版社，2021.

任钟印．东西方教育的覃思 [M]．北京：人民教育出版社，2017.

石筠弢．学前教育课程论 [M]．2 版．北京：北京师范大学出版社，2014.

孙红，罗林．乌干达国情报告（政党团体人物）[M]．北京：社会科学文献出版社，2018.

滕大春．教育史研究与教育规律探索 [M]．北京：人民教育出版社，2019.

王承绪，顾明远．比较教育 [M]．5 版．北京：人民教育出版社，2015.

王定华，杨丹．人类命运的回响——中国共产党外语教育 100 年 [M]．北京：外语教学与研究出版社，2021.

王定华．教育路上行与思 [M]．北京：人民出版社，2020.

王定华．美国高等教育：观察与研究 [M]．2 版．北京：人民教育出版社，2021.

王定华．美国基础教育：观察与研究 [M]．2 版．北京：人民教育出版社，2021.

王定华．新时代高品质学校建设方略 [M]．长春：东北师范大学出版社，2019.

王定华．中国基础教育：观察与研究 [M]．北京：人民教育出版社，2021.

王定华．中国教师教育：观察与研究 [M]．北京：人民教育出版社，2020.

王吉会，车迪．刚果（布）文化教育研究 [M]．北京：外语教学与研究出版社，2021.

王晶，刘冰洁. 摩洛哥文化教育研究 [M]. 北京：外语教学与研究出版社，2021.

魏翠萍. 乌干达 [M]. 北京：社会科学文献出版社，2012.

吴旻雁，黄超. 埃及文化教育研究 [M]. 北京：外语教学与研究出版社，2022.

吴式颖，李明德. 外国教育史教程 [M]. 3 版. 北京：人民教育出版社，2015.

习近平. 论坚持推动构建人类命运共同体 [M]. 北京：中央文献出版社，2018.

习近平. 习近平谈"一带一路" [M]. 北京：中央文献出版社，2018.

谢维和. 我的教育觉悟 [M]. 北京：人民教育出版社，2016.

徐倩，李慧芳. 坦桑尼亚文化教育研究 [M]. 北京：外语教学与研究出版社，2022.

杨汉清. 比较教育学 [M]. 3 版. 北京：人民教育出版社，2015.

英厄姆. 现代乌干达的形成 [M]. 钟丘译. 北京：商务印书馆，1973.

苑大勇. 国际高等教育协同创新与人才培养比较研究 [M]. 北京：知识产权出版社，2020.

张方方，李丛. 安哥拉文化教育研究 [M]. 北京：外语教学与研究出版社，2021.

张笑一，Edmund Chang. 埃塞俄比亚文化教育研究 [M]. 北京：外语教学与研究出版社，2022.

郑崧. 乌干达高等教育研究 [M]. 长春：东北师范大学出版社，2016.

郑通涛，方环海，陈荣岚. "一带一路"视角下的教育发展研究 [M]. 广州：世界图书出版广东有限公司，2017.

朱睿智，杨傲然. 莫桑比克文化教育研究 [M]. 北京：外语教学与研究出版社，2021.

二、外文文献

ASIIMWE D, MUSISI B N. Decentralisation and transformation of governance in Uganda[M]. Kampala: Fountain Publishers, 2007.

EILOR J. Education and the sector-wide approach in Uganda[M]. Paris: International Institute for Educational Planning, 2004.

ISEGAWA M. Abyssinian chronicles[M]. New York: Random House, 2001.

KARIBWIJE D. Uganda districts: information handbook (expanded edition) 2005—2006[M]. Kampala: Fountain Publishers, 2005.

MCGRATH S. Education and development[M]. Abingdon: Routledge, 2018.

MEIERKORD C, ISINGOMA B, NAMYALO S. Ugandan English: its structure, use and in a globalizing post-protectorate[M]. Amsterdam: John Benjamins Publishing Company, 2016.

P'BITEK O. Decolonizing African religion: a short history of African religious in Western scholarship[M]. New York: Diasporic Africa Press, 2011.

REID R J. A History of Modern Uganda[M]. New York: Cambridge University Press, 2017.

REINIKKA R, COLLIER P. Uganda's recovery: the role of farms, firms and government[M]. Washington: World Bank Publications, 2001.

SAITO F. Decentralisation and development partnerships: lessons from Uganda[M]. Tokyo: Springer-Verlag, 2003.

SSEKAMWA J C. History and development of education in Uganda[M]. Kampala: Fountain Publishers, 1997.

SSENTANDA M E. Mother tongue education and transition to English medium education in Uganda: teachers' perspectives and practices versus language policy and curriculum[M]. Stellenbosch: Stellenbosch University, 2014.